COLLECTION A.-L. GUYOT

L. TRANCHANT

LE PETIT
JARDINIER
AMATEUR

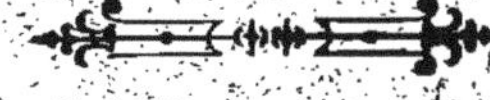

PARIS
COLLECTION A.-L. GUYOT
20, Rue des Petits-Champs

1 FR. 50

LE PETIT JARDINIER AMATEUR

CHAPITRE PREMIER

Terrains de culture. — Engrais et amendements. — Eaux d'arrosage.

La terre est de composition variable, et selon cette composition, selon le climat, l'altitude et la position au point de vue des eaux, les cultures sont très différentes, viennent avec plus ou moins de facilité et donnent plus ou moins de profit. Mais, par des moyens artificiels, il est possible de corriger les effets de la nature.

Tout d'abord, pour connaître la terre, il faut l'analyser, et nous allons brièvement indiquer la méthode à suivre.

Une terre est 1° ou argileuse, 2° ou siliceuse, 3° ou calcaire ; quelques-unes enfin contiennent plus ou moins de silice, d'argile et de calcaire, dans un mélange convenable : ce sont les meilleures terres.

Une terre argileuse est compacte, cohérente et plastique après avoir été malaxée avec de l'eau ;

mêlée à du sable, elle constitue la matière première des briques, tuiles, etc. Elle se détrempe peu à peu dans l'eau qu'elle absorbe et dont une minime partie seulement s'échappe ; la pâte qu'elle forme ainsi est grasse au toucher. La teinte fondamentale de la terre argileuse est le gris plus ou moins foncé et nuancé par les divers oxydes métalliques.

Une terre siliceuse est d'ordinaire très rapidement sèche (à moins qu'il n'y ait une couche inférieure d'argile) ; l'eau la traverse facilement sans faire pâte. Il est certaines terres siliceuses à grains fins et d'autres à gros cailloux. Ces dernières, qui conviennent fort aux vignes, sont pénibles à cultiver et il est impossible ou à peu près de les amender. La terre siliceuse est brun-jaunâtre ou rougeâtre.

Une terre calcaire est blanche, friable ; si on la lave, on obtient une eau plus ou moins blanchâtre qui, sous l'action d'un acide, laisse dégager de nombreuses bulles d'acide carbonique. Avec l'eau, la terre calcaire forme une pâte sèche et peu cohérente.

Le plus généralement les terres contiennent de la silice, de l'argile et de la chaux. Quelques-unes, les terres d'alluvion, contiennent en outre une quantité considérable d'humus : ce sont les terres les plus riches.

Humus. — Pour reconnaître la nature d'une terre, on prend un poids connu de cette terre bien sèche, (100 gr. par exemple) on la calcine à 7 ou 800° c. (au rouge du fer la température est bonne), ce qui détruit l'humus. On la remet dans la balance ; si elle ne pèse plus que 5o gr., on peut être sûr que cette terre contient 5o o/o d'humus, c'est-à-dire de matières végétales ou animales décomposées, d'azote sous forme d'azotate ou d'ammoniaque.

Azote. — Si l'on tient à connaître la quantité d'azote, voici comment on procède : on éteint 3o gr. de chaux vive qu'on sèche bien, puis qu'on mélange intimement à 100 gr. de la terre à analyser ; on calcine le mélange à haute température ; après refroidissement, on pèse ; le poids manquant (15 gr., par exemple, sur 13o de terre et de chaux) représente la quantité d'ammoniaque et d'azote qui se trouvaient dans la terre.

Calcaire. — La terre est traitée par l'acide chlorhydrique pendant une demi-journée, puis on la délaye dans l'eau et on la recueille sur un filtre de fragments de verre ; on relave ensuite le résidu restant sur le filtre.

Toutes ces eaux de lavages, qui doivent être d'environ 1 litre pour 5o gr. de terre, sont réduites par l'évaporation à 3oo centimètres cubes environ, c'est-à-dire à un peu moins du tiers. On y ajoute alors goutte à goutte de l'oxalate d'ammoniaque jusqu'à ce qu'il ne se forme plus de précipité blanc ; on décante ensuite. Le précipité est relavé, séché dans une capsule et pesé. Si, par exemple, on a 9 gr. de précipité, on a 3 gr. de chaux environ, l'oxalate de de chaux contenant environ 1/3 de son poids de chaux. On peut encore, ce qui vaut mieux, griller le précipité d'oxalate de chaux, on obtient ainsi le poids exact de chaux.

Silice. — La terre (100 gr. par exemple) est placée dans un bocal où l'on fait couler un mince filet d'eau ; le trop plein s'échappe par le haut du vase, entraînant toutes les substances autres que la silice, les cailloux, les morceaux de pierre, d'ardoise. On traite ces résidus par l'acide chlorhydrique, on les relave, on les sèche et on les pèse ; le poids trouvé est celui de la silice.

Argile. — La terre est traitée par l'acide chlorhydrique très étendu qui dissout la chaux et une partie du fer, de la potasse, etc. On décante ; on fait ensuite griller la terre (100 gr. sont devenus 80 gr. je suppose, par ce traitement) ; on détruit ainsi toutes les matières organiques : il ne reste plus que de l'argile, de la silice et un peu de matières diverses. On pèse : il y a 60 gr. On lave pour éliminer l'argile ; il reste, je suppose 30 gr. qui sont de la silice ; le poids d'argile est donc : 60 gr. — 30 = 30 gr. Et cette terre donnera à peu près à l'analyse :

Silice....................... 30 o/o
Argile .... 30 o/o
Chaux, fer et potasse..... 20 o/o
Humus .... 20 o/o

Avec ces quelques principes, il est facile de savoir si telle ou telle culture réussira dans votre terre. L'analyse sera non pas rigoureusement exacte (ce qui exige une installation spéciale), mais, à quelques centièmes près, l'expression de la vérité. On aura évité la grosse dépense d'une analyse chimique et l'on saura si son jardin est calcaire, siliceux ou argileux, et s'il l'est plus ou moins. On pourra l'amender, lui faire produire tout ce qu'il sera susceptible de donner, et cela sans grande dépense.

La terre est-elle profonde, est-elle toute superficielle ? Suivant sa profondeur, telle ou telle culture conviendra ou ne conviendra pas. Il faut donc connaître le fond de la terre cultivable; pour cela, il suffit de creuser un trou de 90 cm. environ; si l'on rencontre de l'argile, la terre est à fond humide (glaiseux); si, à peu près à 60 cm., on est arrêté par des cailloux, de la pierre, on a une terre sans profondeur. Si l'on retire toujours de la terre, on dit que la terre est profonde.

Dans chacun de ces cas, on aura un système de plantation différent à appliquer : dans le premier par exemple, un pêcher devra être greffé sur pêcher; dans le second, sur amandier, et, dans le troisième, sur prunier.

A-t-on de l'eau dans le voisinage ? un puits qui n'a pas plus de 5 m. de profondeur ? on pourra tout cultiver.

La température moyenne est de tant en été, de tant en hiver; telle culture sera interdite, telle autre réussira toujours.

En tout ce qui concerne l'agriculture pratique, on fera sagement de prendre l'avis des vieux paysans qui savent bien des choses sur le temps et peuvent donner d'utiles avis. Ils diront par exemple : « A la Saint Marc, plantez les haricots et vous ne les verrez pas geler »; et l'événement leur donnera raison. Il y a, dans l'expérience populaire, bien de la science; et les

savants, après en avoir ri, finissent souvent par
trouver la raison de la loi posée par la « vox po-
puli ».

Engrais. — La terre est excellente et néanmoins
elle finit par se fatiguer : l'humus se convertit en végétaux. Il faut le remplacer par d'autre humus et,
puisque les animaux mangent des végétaux, il n'y a
rien de mieux que de rendre à la terre ce que les
animaux rejettent : c'est là l'engrais, la fumure natu-
relle, et cet ensemble de corps en décomposition
peut même être considéré comme une sorte d'humus.

La fumure la plus usitée est celle d'écurie (fumier
de cheval, âne, mouton).

Ce fumier convient à toutes les terres ; frais, il est
bon surtout pour les terres argileuses ou humides ;
il ne produit comme fumure que la seconde année,
mais la première année, il divise la terre et l'amende.
Le fumier de six mois porte surtout la première année ; il convient merveilleusement aux terres calcaires
ou de moyenne composition.

Le fumier de vache (bouse) est froid et compact ;
il convient aux terres siliceuses.

Le fumier de volaille est très riche en phosphate ;
très chaud, il convient de l'employer à petites doses
ou mélangé avec d'autres engrais.

La poudrette est excellente pour les prairies, les
vignes et les plantes annuelles ; son effet n'est guère
que de six mois. Les déjections solides de l'homme
sont très bonnes lorsqu'on les laisse avec des feuilles
sèches, des herbes, pendant six mois ; on a ainsi un
puissant engrais.

La laine, les os brûlés ou non, le noir animal, le guano, produisent de bons effets dans les terres froides ; les légumes y poussent plus vite.

Les boues de ville conviennent aux légumes. Pour les arbres fruitiers, elles rendent souvent la proportion de fruits véreux plus considérable.

Enfin, on emploie aussi beaucoup depuis quelque temps, et avec un grand succès, les engrais artificiels que nous ne pouvons citer à cause de leur trop grand nombre.

Amendements. — Le fumier sert souvent d'amendement, surtout lorsqu'il est employé avec intelligence.

Néanmoins, ce n'est pas un véritable amendement. Un amendement a pour but unique de proportionner l'argile, la chaux et la silice. Il suffit souvent de défoncer une terre à deux fers de bêche pour l'amender.

Quelquefois, la couche d'argile est très profondément située et le sable est seul en dessus. Il faudrait alors faire une carrière d'argile dans un coin du jardin et en extraire une bonne brouettée par mètre carré à amender.

En mélangeant argile et sable, on aura une excellente terre.

Si l'on n'a que du sable, on l'améliorera en y mélangeant un tombereau d'argile et un demi de marne argilo-calcaire par are de terrain.

Voici la liste des principaux amendements :

Sable pour améliorer la terre argileuse ;

Marnes argileuses pour terres siliceuses ou calcaires ;

Marnes calcaires pour argileuses ou siliceuses ;

La charrée (cendre après lessivage) convient aux terres calcaires et leur donne de la potasse.

La suie joue le même rôle, elle sert en outre d'insecticide ;

Le plâtre sert pour les prairies artificielles.

On appelle *terre composite* une terre amendée en vue d'une culture spéciale ou composée de toutes pièces.

Le limon ou terrain d'alluvion se compose de 10 o/o de calcaire, 10 o/o d'argile, 10 o/o de silice et 70 o/o d'humus : c'est la meilleure terre ou terre franche.

La terre d'oranger, sous le climat de Paris, est cette même terre additionnée de 10 o/o de terre de Bruyère ; mais, dans la terre franche, on peut parfaitement réussir la culture de l'oranger.

Eaux d'arrosage. — Après l'étude des terres, engrais et amendements, vient logiquement celle des eaux. En effet, outre que les eaux sont l'accessoire obligé des engrais dont elles dissolvent les sels minéraux pour les rendre assimilables, elles peuvent être considérées comme des engrais faibles, à cause des corps qu'elles tiennent elles-mêmes en dissolution ; cette étude a donc une importance capitale en culture.

L'eau de pluie est excellente pour les arrosages, meilleure que l'eau de source ou de puits ; elle contient plus d'oxygène et au moins 2 o/o d'azotate d'ammoniaque. Mais les pluies abondantes sont dangereuses pour les terres qu'elles lavent et auxquelles elles enlèvent tous les sels les plus solubles. Il serait donc bon de ne fumer jamais qu'au mois de mars, c'est-à-dire à l'époque où cessent les fortes pluies ; on aurait ainsi 3o o/o de bénéfice. C'est, d'ailleurs, le printemps qui est maintenant l'époque des engrais artificiels.

L'eau de puits est excellente à la condition de ne contenir ni chaux, ni fer. Dans le cas contraire, il faut l'additionner d'un peu de carbonate de soude : 10 gr. par hectolitre. Mais ce procédé ne convient qu'aux très petites cultures, car autrement la dépense deviendrait colossale.

Les mêmes remarques s'appliquent aux eaux de source (les puits n'étant, en somme, que des sources artificielles : si l'on a une source et un puits à sa disposition, il sera bon d'en faire une analyse car, suivant les contrées, les eaux sont variables).

Les eaux de rivière sont généralement meilleures, parce qu'elles sont plus aérées et moins chargées de sels nuisibles. Enfin les eaux d'étangs, contenant une forte proportion de débris végétaux en dissolution, sont très utiles en certains cas, notamment pour la culture intensive en terre souvent travaillée et, par conséquent, très meuble ; mais, en général, elles ne sont pas assez aérées pour l'arrosage des végétaux à développement lent ; autant que possible on évitera de s'en servir dans les terres très grasses et pour la culture des plantes herbacées.

CHAPITRE II

Outils du cultivateur. — Espaliers, couches, chassis, serres, etc.

Il y a deux sortes de cultures : la petite et la grande; la première seule nous occupe.

Les personnes qui vivent de la seconde n'ont pas besoin de nos conseils; nous laisserons donc de côté tous les gros instruments de labour, charrues, moissonneuses, etc.

Outils pour la culture : Bêche, houe ou mare, ratissoire à tirer, ratissoire à pousser (raclette, binette ou serfouette), fourche, plantoir, rateau, crochet à fumier, pioche.

Outils pour la taille, la greffe, etc. : Couteau à greffer et spatule, croissant, cisailles, serpe ou volin, couteau à scie, scie à main, sécateur, serpette, faucille.

Outils divers : Masse (gros marteau), brouette, arrosoir, échelle, échenilloir, soufflet à soufrer, pulvérisateur.

Nous décrirons très-rapidement les outils qui sont le plus connus.

Bêche : Sert à creuser et remuer la terre (fig. 1) ;

Fig. 1. — Bêche.   Fig. 2. — Fourche à bêcher.

pour ameublir fortement la terre, on emploie une fourche à bêcher (fig. 2).

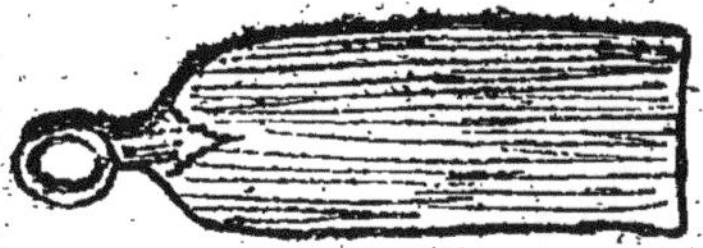

Fig. 3. — Houe.

Houe ou Mare : Outil très usité dans la culture des vignes dont il n'endommage pas les racines (fig. 3).

Fig. 4. — Ratissoire à tirer.

Ratissoire à pousser : Lame droite à long manche,
pour racler les allées; — *à tirer :* pour ôter les herbes
(fig. 4).

Fig. 5. — Serfouette.

Binette ou Serfouette : Petite pioche à deux
lames, la première large de 10 centimètres, l'autre
en fourche ou en pointe (fig. 5).

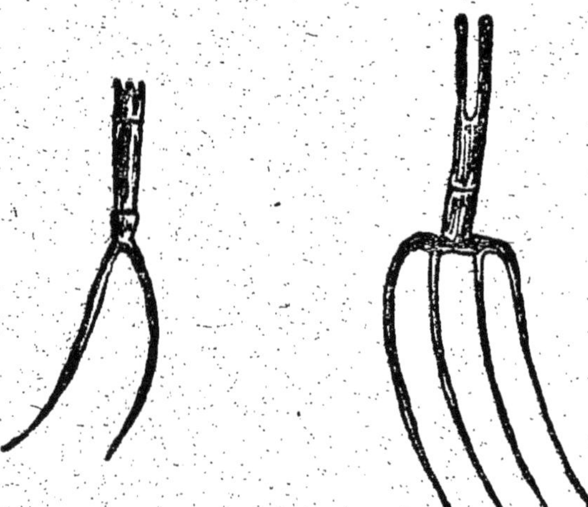

Fig. 6 et 7. — Fourches.

Fourche : Outil formé de deux, trois ou qua-

tre dents en fer ou acier, légèrement courbées
(fig. 6, 7).

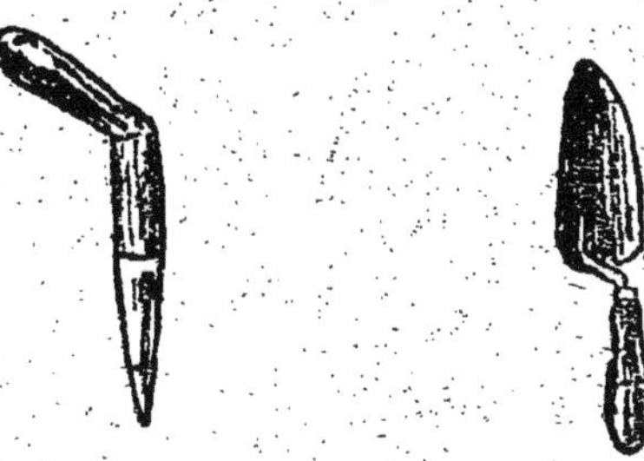

Fig. 8 et 9. — Plantoir et déplantoir.

Plantoir : Piquet de bois servant à repiquer les
plants ; on le munit généralement d'un bout en mé-
tal (fig. 8 et 9).

Fig. 10. — Rateau.

Rateau : Traverse sur laquelle sont fixées des
dents ; sert à enlever les herbes, à ameublir la
terre (fig. 10).

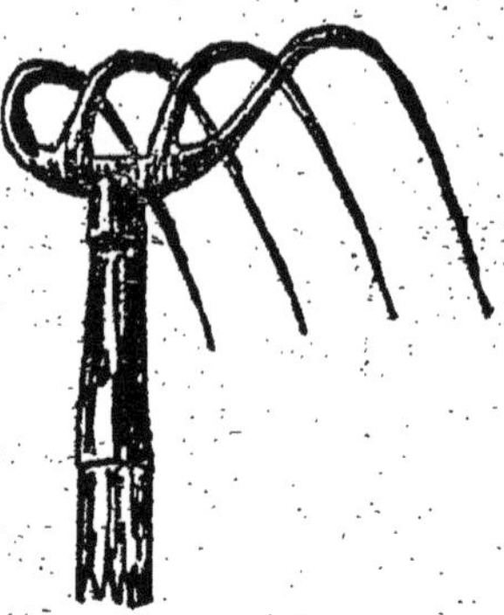

Fig. 11. — Crochet à fumier.

Crochet à fumier : Sorte de houe formée de trois ou quatre dents comme une fourche (fig. 11).

Pioche : Gros coin en fer taillé en pointe ou en hache servant à défricher les terres.

Fig. 12. — Couteau à greffer.

Couteau à greffer et Spatule : Le plus commun est celui de la fig. 12, mais il est coûteux ; il est un autre modèle meilleur marché qu'on fabrique à Langres, et dans lequel l'extrémité du manche sert de spatule.

Fig. 13. — Croissant.

Croissant : Outil servant à tailler les haies, les charmilles et ayant la forme d'un croissant. Cet outil a un long manche (fig. 13).

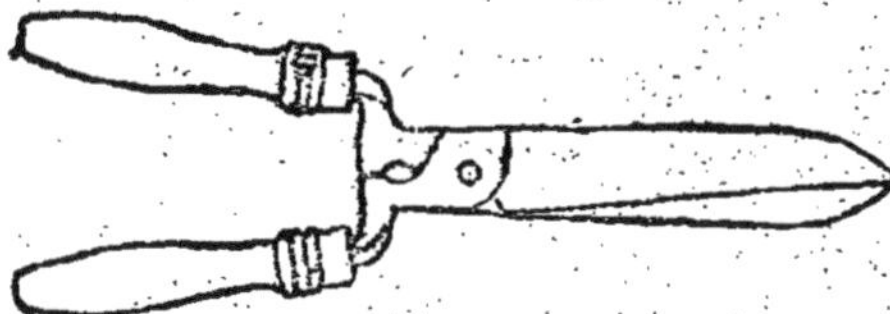

Fig. 14. — Cisailles.

Cisailles : Grands ciseaux servant aux mêmes usages (fig. 14) ; le croissant est utilisé plutôt pour l'ébranchage et les ciseaux pour la taille.

Fig. 15. — Serpe.

Serpe ou Volin : Outil (fig. 15) ayant un peu la

forme d'un croissant avec manche très-court et servant à tailler les grosses branches, à rendre les échalas pointus, etc.

Fig. 16. — Serpette.

Serpette : Couteau de vigneron en forme de serpe, mais bien plus petit (fig. 16).

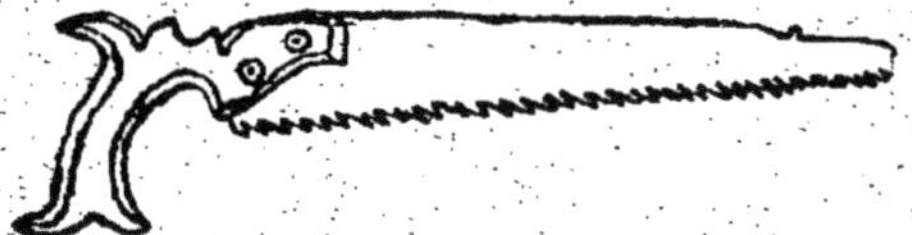

Fig. 17. — Scie.

Scie : Outil bien connu servant à couper les arbres morts ; doit peu servir pour les arbres vivants auxquels il fait venir des plaies (fig. 17).

Fig. 18. — Sécateur.

Sécateur : Sorte de ciseau (fig. 18) qui sert à couper les branches vertes. On doit toujours préférer la serpette à cet outil qui mâche l'écorce.

Faucille : Sorte de demi-cercle d'acier, avec des dents très minces ; sert à couper l'herbe.

Masse : Gros marteau qui sert à enfoncer les piquets dans la terre.

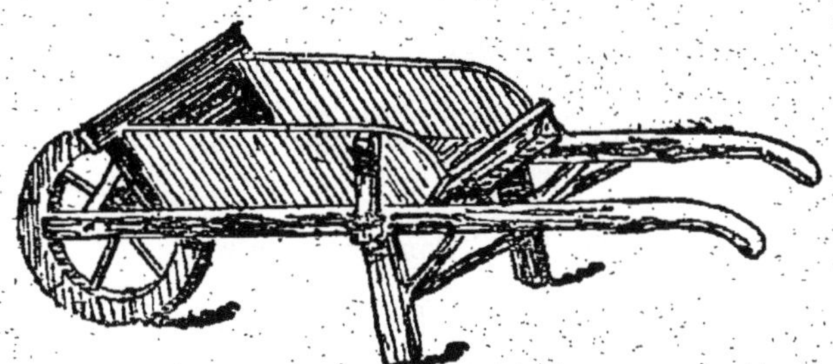

Fig. 19. — Brouette de jardinier.

Brouette : Petite voiture à une seule roue, fondée sur la théorie du levier et qui permet de transporter sans peine de lourdes charges (fig: 19).

Echelle : Cet outil ne sert en jardinage qu'à tailler les grands arbres, à palisser le long des murs et à cueillir les fruits.

Fig. 20. — Echenilloir.

Echenilloir : Petit sécateur attaché à un long

manche. Une corde permet de fermer ce sécateur qu'un ressort maintient ouvert. On peut ainsi couper les branches couvertes de chenilles et qu'on ne pourrait atteindre avec l'échelle (fig. 20).

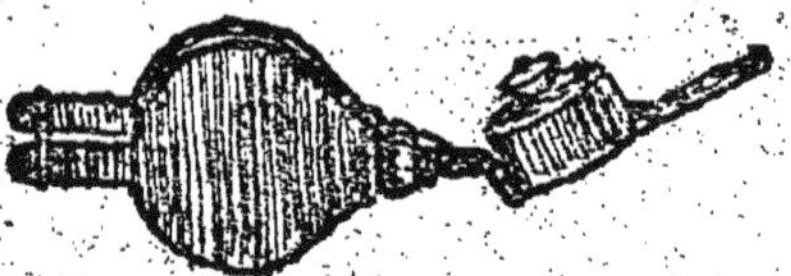

Fig. 21. — Soufflet à soufrer.

Soufflet à soufrer : Soufflet muni d'une boîte pleine de fleur de soufre et qui permet de combattre l'oïdium, le blanc, etc. (fig. 21).

Fig. 22. — Pulvérisateur pour plantes de serre.

Pulvérisateur : Boîte en cuivre munie d'une pompe foulante et d'une lance permettant de jeter sur les plantes malades une pluie fine de liquides médicamenteux ; dans la petite culture, on emploie, surtout pour les plantes de serre, des pulvérisateurs à boule en caoutchouc (fig. 22), et l'on réserve le pulvérisateur à pompe pour le traitement des vignes, etc.

Fig. 23. — Arrosoir en cuivre, à pomme, pour plantes de pleine terre.

Arrosoirs : Tout le monde connaît cet instrument, mais peu de personnes savent s'en servir; nous verrons, au courant de cet ouvrage, de quelle façon il faut pratiquer l'arrosage suivant les plantes, les saisons, les terres, etc.; disons ici que les arrosoirs en cuivre sont, malgré leur prix plus élevé, préférables aux arrosoirs en zinc, moins solides; pour les plantes en pleine terre, les arrosoirs à pomme sont plus avantageux (fig. 23) ; la culture en serre s'accommode mieux d'un arrosoir à goulot long et mince.

Nous allons maintenant indiquer les méthodes

qu'on suit pour travailler la terre dans la petite culture.

1° Binage à la mare;

2° Défonçage et bêchage.

Le premier mode d'opérer s'applique aux terrains plantés de vignes, d'arbres fruitiers, etc., dont les racines seraient mutilées par la bêche. Il est bien entendu que lorsque la plantation a été faite, la terre a été défoncée. Pour sarcler à la mare, pour façonner les vignes, comme disent les vignerons, on prend le manche de l'outil des deux mains, l'une étant à 20 centimètres de l'autre. On soulève l'outil, qui est soit à la droite soit à la gauche du cultivateur, suivant sa commodité personnelle et la nature du travail, on entaille la terre d'un coup sec et l'on ramène la mare en arrière et vers soi, de façon à enlever une épaisseur de quelques centimètres de terre ; cette terre est rejetée sur le côté. Les racines des mauvaises herbes sont ainsi coupées et ne peuvent repousser. On étouffe en même temps l'herbe qui, si les binages sont assez fréquents, sert d'engrais naturel.

Le défonçage se pratique tous les ans dans la culture maraîchère et se fait à un fer de bêche, c'est-à-dire que l'on retourne la terre à une profondeur de 25 centimètres, qui est la hauteur moyenne d'un fer de bêche.

On commence toujours par faire une « entaille », c'est-à-dire que, du côté où l'on bêche tout d'abord, on fait une petite fosse de 20 centimètres de large et de la profondeur de la bêche; la terre retirée de cette fosse est généralement rejetée à l'endroit où se terminera le travail. Puis on enfonce la bêche le long de la fosse en laquelle on rejette la terre du second coup de bêche, en enfouissant les plantes bien dans le fond, de façon à ce qu'elles pourrissent et forment de l'humus. On donne le troisième coup de bêche à côté du second et ainsi de suite. Lorsqu'on a terminé une première bande, on recommence, en ayant toujours devant soi une entaille dans laquelle on jette toujours la terre qu'on coupe avec la bêche. Lorsqu'on arrive à la fin de la pièce, on comble la fosse qui reste avec la terre qu'on a extraite au début. On n'a plus qu'à donner un coup de rateau pour ameublir et casser les mottes de terre.

Pour défoncer à deux fers de bêche, on fait une entaille plus large et l'on retourne la terre qui se trouve au-dessous de la couche supérieure, de manière à remuer le sol jusqu'à 40 centimètres.

Il est bon, lorsqu'une terre semble « fatiguée », de la défoncer à l'automne et d'y semer de la vesce ou du trèfle incarnat qu'on enterre au printemps. On fixe ainsi un peu de l'azote de l'air au profit des plantes qui viendront ensuite. Les vignerons ont depuis longtemps mis en pratique ce procédé et, lorsqu'ils arrachent les vieilles vignes, ils font toujours cette culture pour laisser « reposer » la terre. Il n'y a que les imbéciles qui la laissent se couvrir de chardons et de chiendent.

A côté des outils que nous venons de voir et qui sont de toute première nécessité pour le cultivateur le plus modeste, il existe certains appareils qui ne sont guère moins utiles et qu'on doit forcément posséder dans un jardin dont on veut retirer quelque profit; nous voulons parler des couches, cloches, châssis, serres, etc., surtout dans le centre et le nord de la France où il y a à craindre les gelées. Certaines plantes demandent pendant leur extrême jeunesse une température plus élevée que la moyenne de notre pays. D'autres ne vivent que grâce à une température invariable; il faut donc songer à corriger les variations de température; voici les divers moyens qu'on emploie pour atteindre ce but :

Palissades d'arbres verts (thuyas). — On plante, à deux ou trois mètres l'un de l'autre, deux rangs de thuyas; lorsque ces arbres atteignent deux mètres de haut, ils sont des abris très communément employés dans les pépinières pour protéger les arbres qui gèlent facilement ou qui craignent le vent. En été, on se sert aussi, pour protéger certain semis, de haricots à rame (des soissons par exemple).

Paillassons et empaillage. — On couvre certaines plantes avec des paillassons qu'on retire le jour, s'il ne fait pas froid, et qu'on remet la nuit et les jours de gelée. Le figuier, le pistachier, etc., doivent être, au mois d'octobre, bien emballés dans de la paille; c'est ce qu'on appelle l'empaillage. Dès que la première quinzaine de mai est passée, on enlève cette couverture.

Cloches. — Pour les boutures exigeant généralement une température assez constante et une humidité un peu tiède, on se sert de cloches en verre d'une hauteur de trente-cinq centimètres. On s'en sert aussi de ces cloches pour les melons, etc. On fait de très petites cloches pour les petites boutures, mais un verre peut les remplacer aisément.

Couches. — Les couches qui ont une grande utilité, chez les maraîchers particulièrement, sont des tas carrés de fumier qui n'a pas encore fermenté. On les fait de diverses hauteurs et on les place à l'abri des vents, autant que possible. Les couches chaudes se font avec du fumier frais de cheval; mais elles durent peu de temps. On préfère les couches tièdes qui contiennent, en outre, des feuilles sèches et un peu de fumier d'âne ou de vache. Ce sont les meilleures pour les melons. Lorsqu'on fait des couches, il faut avoir soin d'employer un fumier suffisamment humide, pour que la fermentation dure longtemps. On a soin aussi de laisser entre chacune d'elles une largeur d'une demi-couche. Dans cet espace, on pourra mettre du fumier neuf tous les quinze jours, ce qui réchauffera les couches trop froides et constituera ce qu'on nomme des réchauds. Mais s'il ne faut pas que les couches soient fraîches, il ne les faut pas non plus trop chaudes, sous peine de voir *brûler* les graines ou les plantes.

Châssis. — Ce sont des cadres carrés ou rectangulaires de 20 centimètres de hauteur au moins, de 1 mètre de largeur et de longueur très variable. Sur ce cadre est un couvercle à charnières, formé de verres peints en blanc ou en gris pâle. Ces châssis servent à garantir les plants des gelées, du vent, etc. On les place souvent, au lieu de cloches, sur les

couches à melons pour abriter contre le froid
(fig. 24).

Fig. 24. — Châssis à couches.

Serres. — Les cloches, palissades, paillassons,

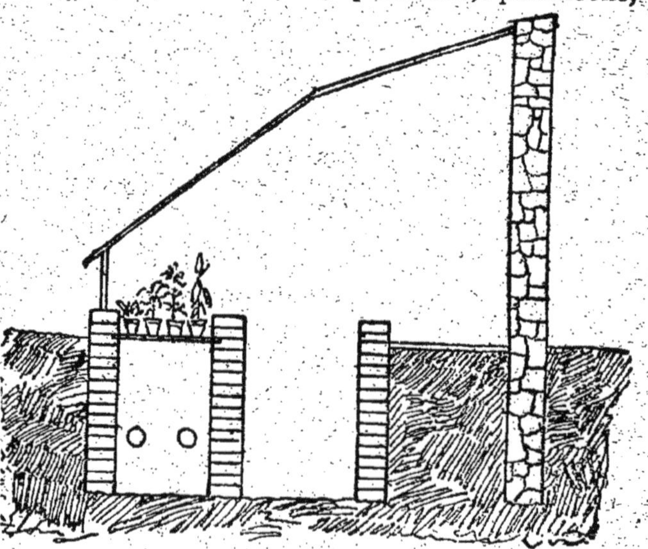

Fig. 25. — Serre chaude.

etc., ne peuvent servir que d'une façon temporaire, c'est-à-dire pendant quelques mois de l'année. Mais il y a des plantes qui demandent une température invariable pendant neuf ou dix mois chaque année. Ces plantes seront conservées en serre. On appelle ainsi des pièces vitrées et chauffées dans lesquelles on conserve les plantes facilement attaquées par le froid. Ces pièces sont généralement de petits bâtiments vitrés, adossés à un mur et exposés au midi. Il y deux sortes de serres : les serres chaudes (fig. 25), et les serres tempérées (fig. 26). Les pre-

Fig. 26. — Serre tempérée.

mières ne conviennnent qu'à certaines plantes : les sensitives notamment ; leur température ne doit pas descendre au-dessous de 20° c. Cette serre est peu usitée chez les particuliers, car elle demande des soins nombreux et une dépense assez élevée.

La serre tempérée se maintient à une température moyenne, variant entre 6° et 15° c. Cette serre, à condition que la température n'y descende pas au-dessous de 2° ou 3°, convient à presque toutes les plantes. Pendant l'hiver et les froids, on couvre les serres avec des paillassons, et à l'aide de poêles, on élève la température; il est bon de ne pas trop chauffer pour ne pas fatiguer certaines plantes. Les arrosages ne doivent être que très modérés et seulement lorsque la terre commence à sécher : sans cette précaution on ferait pourrir les racines. La meilleure serre, à mon avis, est celle qui, appuyée le long d'un bâtiment, est chauffée par le tuyau où circule la fumée d'un poêle qui sert à la maison; on obtient ainsi une économie très considérable, on ne vicie pas l'air de la serre et on ne peut pas dépasser le maximum de température.

Toutefois, il est certain que le chauffage à l'eau chaude est encore meilleur, quoique plus coûteux.

Les plantes se mettent plus près du tuyau de poêle si elles demandent une haute température ($+$ 15° ou 20°), les autres se mettent plus loin. D'ailleurs, deux thermomètres indiquent la température minima et maxima. La serre sera ouverte lorsque la température extérieure sera de $+$ 10 ou 12°, et on la refermera vers le soir. Au printemps, lorsque les gelées ne sont plus à craindre, on sort les plantes.

Espaliers. — La plupart des plantes sont plantées loin de tout abri. Mais les arbres fruitiers ainsi placés donnent des fruits à épiderme (pelure) plus dur. Quant à ceux dont les fleurs gèlent facilement, on a songé, pour les abriter, à utiliser les murs le long desquels on les plante en *espalier* (fig. 27). On ob-

tient ainsi des fruits précoces, bien plus beaux qu'en
plein air, mais quelquefois moins savoureux. En

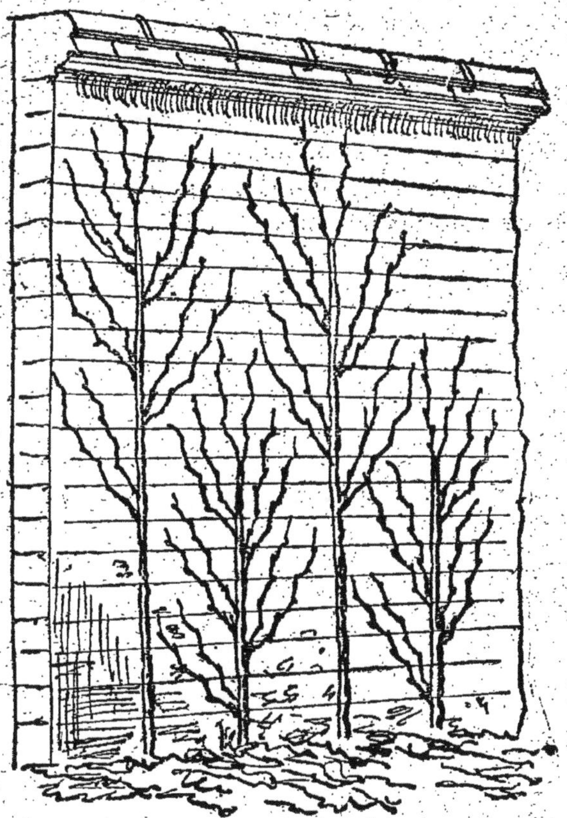

Fig. 27. — Espalier.

outre, les arbres en espaliers demandent plus de
soins, une taille plus soignée que les autres. Mais il

y a là une source de bénéfices importants, les fruits précoces se vendant plus cher que les autres. A notre avis, un mur noir est meilleur qu'un mur blanc; les arbres sont moins séchés par le soleil, et la chaleur absorbée par le mur est rendue pendant la nuit, ce qui empêche quelquefois la gelée blanche. Nous trouvons aussi les fils de fer tendus bien préférables aux lattes vertes que certaines personnes placent le long des murs, le bois mort servant de nid à toutes sortes de bêtes malfaisantes.

CHAPITRE III

Graines : récolte, choix, conservation, semis

Le semis des graines est le moyen naturel de reproduction des plantes. C'est uniquement pour la
reproduction de l'espèce que les arbres ont des fruits
qui contiennent une graine. Ce fruit, dans la poire,
est comestible pour nous ; il ne l'est plus dans le
pavot, par exemple. Dans le noyer, l'amandier, c'est
la graine que nous consommons et nous rejetons le
brou qui est le véritable fruit.

La graine est le germe de la plante dont le véritable organe de reproduction est la fleur. Examinons
donc une graine et voyons comment elle peut se
développer. Prenons un haricot : Il se décompose
en deux amandes et un petit germe. Dans une graine
de poivre, nous voyons également un petit germe

et une partie qui ressemble aussi à une amande.
Et ainsi dans toutes les graines, nous trouverons
toujours une partie embryonnaire, qui se nomme
vulgairement germe et se développe seul, et presque
toujours une partie qui sert à nourrir le germe
quand il commence à se développer, ou bien qui
forme les premières feuilles. Mais pour faciliter ce
développement, pour éveiller la vie dans la graine,
certaines conditions sont nécessaires :

1° Que le germe soit encore viable, ce qui ne peut
avoir lieu quand la graine est trop vieille ;

2° Que la graine soit placée dans un milieu humide,
tiède et nourricier.

On voit souvent des grains de blé germer entre
deux briques humides ; il est vrai qu'ils ne peuvent
grandir si on ne les couvre de terre qui est le milieu
nourricier qui manque.

Ainsi donc, pour le développement des graines, il
est nécessaire de leur donner de la terre, de l'humidité et de la chaleur. La terre légère ou franche est
la meilleure pour que les graines germent ; dans une
terre sableuse, on a le minimum du temps de germination. Les semis doivent être arrosés tous les jours
et, dans les grandes chaleurs, matin et soir. Dans
les printemps froids, on donne aux graines une température convenable en les faisant lever sous des
cloches qui retiennent l'humidité et accumulent la
chaleur.

Il y a aussi d'autres soins à donner aux semis.
Oter les mauvaises herbes qui étoufferaient les
bonnes plantes, les préserver des licoches, araignées,

limaçons, etc. Il suffit souvent de jeter de la suie, de la cendre fraîche, de la chaux pulvérisée, lorsque ces animaux se montrent, et de les écraser quand on les voit.

Pour chaque plante, nous indiquerons l'époque des semis ; en général, pour les fleurs, les semis se font surtout en mars-avril ; en automne, en octobre, et quelquefois, mais plus rarement, en février, pour les arbres fruitiers.

Les graines sont de forme et de genre très variés ; par exemple, on a des graines ailées (la laitue, le pissenlit, etc.), des graines à poils, à aigrettes ; on a des pépins, des amandes, des graines à fruits déhiscents (qui s'ouvrent, comme la balsamine), ou des fruits indéhiscents (qui restent fermés comme la figue) ; il y a des graines qui contiennent une réserve nutritive, fécule ou mélange d'huile, d'essences, etc. Ces caractères sont pratiquement peu intéressants pour l'amateur ; mais nous avons cru devoir réunir en un seul tableau une liste des graines les plus usuelles ; nous avons indiqué pour chacune d'elles la durée de sa germination, qui varie entre un jour et deux ans, et le temps pendant lequel elle conserve ses propriétés. Tous ces chiffres ont été étudiés longuement en plusieurs années, les unes sèches, les autres humides ; en outre, nous avons essayé dans les terres siliceuses et les terres argileuses. Nous donnons la moyenne générale que nous avons obtenue en divisant le total de toutes les germinations d'une graine par le nombre d'expériences :

NOMS DES PLANTES	DURÉE des GRAINES	DURÉE de la GERMINATION
Absinthe	2 ans.	8 jours.
Ache	3 à 5 —	10 —
Ail	2 —	10 —
Angélique	1 —	15 —
Anis	3 —	20 —
Arroche	2 à 4 —	8 —
Artichaut	5 —	18 —
Asperge	5 —	10 —
Basilic	4 —	7 —
Bette	6 —	9 —
Betterave	8 —	12 —
Blé de Turquie	2 —	6 —
Bourrache	3 —	7 —
Buglosse	3 —	8 —
Brocolis	5 —	2 —
Capucine	4 —	14 —
Cardon	5 —	15 —
Carotte	2 à 3 —	16 —
Céleri	3 —	15 —
Cerfeuil	3 —	5 —
Chervis	1 —	7 —
Chicorée	6 —	8 —
Chou	4 —	6 —
Chou-fleur	5 —	10 —
Chrysanthème	3 —	12 —
Ciboule	2 —	10 —
Citrouille	3 —	25 —
Concombre	7 —	25 —
Coriandre	3 —	14 —
Corne-de-cerf	3 —	8 —
Courge	8 —	20 —
Cresson	3 —	5 —
Cresson alénois	3 —	36 heures.
Cumin	3 —	28 jours.
Epinard	5 —	4 —
Estragon	4 —	3 —
Fenouil	4 —	8 —
Fève	3 —	5 —
Fraisier	2 —	15 —
Haricot écossé	2 —	14 —

NOMS DES PLANTES	DURÉE des GRAINES	DURÉE de la GERMINATION
Haricot non écossé............plus de	15 ans.	14 jours.
Laitue..........................	4 —	8 —
Lentille écossée................	2 —	20 —
Lin.............................	4 —	8 —
Mâche..........................	6 —	5 —
Mélisse........................	3 —	12 —
Melon	8 —	12 —
Melongène......................	7 —	5 —
Moutarde.......................	4 —	3 —
Navet..........................	3 —	8 —
Néflier.........................	3 —	13 mois.
Nigelle de Damas...............	4 —	5 jours.
Oignon.........................	2 —	15 —
Oseille.........................	3 —	8 —
Panais.........................	3 —	16 —
Pavot (oléifère)	3 —	3 —
Persil..........................	2 —	18 —
Piment.........................	7 —	8 —
Pimprenelle....................	4 —	9 —
Poireau........................	2 —	13 —
Poirée.........................	8 —	7 —
Pois écossé.....................	3 —	20 —
Pourpier	3 —	10 —
Pyrèthre........................	2 —	8 —
Poirier, Pommier ⎰...............	3 —	35 —
Prunier, Pêcher ⎱...............	3 —	3 mois.
Radis..........................	4 —	4 jours.
Raifort.........................	4 —	3 —
Raiponce.......................	6 —	8 —
Rave...........................	3 —	12 —
Roquette.......................	6 —	4 —
Salsifis........................	2 —	8 —
Saponaire......................	8 —	8 —
Sarriette.......................	1 —	7 —
Scorsonère.....................	2 —	8 —
Sénevé.........................	5 —	3 —
Tomate.........................	3 —	15 —

La température minima pour qu'une graine germe est $+ 13°$; à $+ 25°$, la germination a lieu deux fois plus vite; à $+ 46°$, la vie est détruite dans le germe; à $+ 15°$, les graines plongées dans l'eau légèrement chlorée germent quatre fois plus vite que semées sans préparation, et les graines qui semblent avoir perdu leurs propriétés germinatives les recouvrent souvent par ce moyen.

Récolte des graines. — Les graines se récoltent à la maturité et lorsqu'elles sont prêtes à tomber. On peut aussi, et c'est la méthode le plus généralement suivie quoique la moins bonne, les cueillir un peu avant la maturité et les mettre sécher avant de les serrer.

Les graines renfermées dans une pulpe aqueuse (tomate, concombre) se récoltent en laissant mûrir sur pied le fruit, puis en l'ouvrant et lavant les graines qu'on met sécher à l'ombre.

Choix. — Les graines qui fournissent les meilleurs plants sont celles qui proviennent des plus forts pieds et qui sont les plus grosses et les plus lourdes. On peut, à l'aide d'une passoire, ne conserver que les plus belles pour être sûr d'avoir de beaux légumes. En outre (et ce fait, je l'ai observé sur plus de cinquante végétaux), les graines dégénèrent dans les terrains où on les a récoltées. Il est donc bon de faire échange de graines de temps en temps avec des amateurs d'un terroir différent. On peut aussi, si le jardin a plusieurs sortes de terrains, changer tous les deux ou trois ans; ou encore, par la fécondation artificielle (prendre un peu du pollen

d'une plante et le porter sur la fleur d'une autre)
obtenir des hybrides souvent curieux et qui dégénèrent moins.

Conservation. — Les graines, pour se conserver,
doivent, autant que possible, être bien sèches, ne
pas contenir de feuilles et être tenues dans un endroit sec, à l'abri des rats et de l'eau. Un petit sac
de papier ou de toile suffit pour les contenir. Les
graines enveloppées dans des siliques (gousses)
doivent y être laissées le plus longtemps possible,
car elles n'y perdent pas leurs propriétés. Les graines
qui se conservent peu de temps (l'angélique, par
exemple) doivent être semées aussitôt la récolte.
Le surplus servira pour la pharmacie ou la confi-
serie.

Semis. — Les graines ailées doivent, aussitôt
avant le semis, être frottées avec un peu de falaise et
semées ainsi ; les graines à coques dures (amandes)
doivent être stratifiées, c'est-à-dire mises à germer
dans un tas de falaise (sable fin).

La stratification se fait en décembre, et on repique
en février.

Récolte des fruits. — Certains fruits ne peuvent
se conserver et doivent être cueillis peu de temps
avant d'être consommés; tels sont les cerises, les
prunes, les pêches, les abricots. Pour conserver ces
fruits, il faut les confire, les faire sécher, etc. Mais,
pour les manger frais, il faut les cueillir seulement
deux ou trois jours avant l'usage et à leur maturité
complète. Certains fruits doivent séjourner dans le
fruitier pour être bons, tels sont les coings, les nèfles,

etc., d'autres n'en ont pas besoin, mais peuvent s'y conserver, tels que raisins, pommes, poires.

Les coings ne se mangent jamais crus : ils sont, en cet état, d'un goût âpre et d'une digestion difficile ; pour les utiliser, il faut les laisser mûrir dans le fruitier jusqu'à ce que leur arôme devienne intense et qu'ils jaunissent.

Les nèfles, olives, etc., se cueillent avant la maturité et ne sont bonnes que blettes, après un séjour plus ou moins long sur la paille du fruitier.

Les raisins peuvent être conservés tout l'hiver ; on choisit les grappes les plus belles et les plus saines qu'on cueille par un beau temps, vers deux heures de l'après-midi ; on en enlève soigneusement tous les grains moisis et l'on recouvre la section de la queue de la grappe d'une pastille de cire à cacheter ; au moyen de fils, on les suspend alors dans le fruitier, en ayant soin de ne les laisser porter sur aucun corps dur et d'enlever de temps en temps les grains qui se gâtent. Au moment de les consommer, on les lave à grande eau, ce qui ôte la poussière et gonfle les grains qui s'étaient ridés.

Les pommes et poires doivent être cueillies par un temps sec, jamais avant la première pluie de septembre, dit le proverbe. L'époque de la cueillette varie du 15 septembre au 1ᵉʳ novembre. Les poires qui mûrissent après le mois de décembre (voir plus loin), les pommes de Calville, de reinette, d'api se cueillent du 1ᵉʳ au 20 octobre normalement.

Fruitier. — Le lieu où l'on conserve les fruits, ou fruitier, doit être à une température moyenne oscillant entre $+$ 2° et 15°. Il faut aussi éviter de placer le fruitier à l'humidité et, par conséquent, au rez-de-chaussée.

De l'air, quand le temps est propice, et de la lumière facilitent beaucoup la conservation des fruits. Pour placer les pommes et les poires, on se sert de sortes d'étagères en fer avec claies. On doit, autant que possible, placer les fruits avec soin, éviter de les jeter brusquement, ce qui avance leur maturation. Enfin, on ne doit mettre dans le fruitier que les fruits sains, c'est-à-dire non véreux.

CHAPITRE IV

Bouturage, Marcotte, Greffe. — Taille des arbres

Les plantes se multiplient par les graines, nous le savons. Mais par le semis, les espèces peuvent se modifier, et l'arbre ainsi obtenu est long à produire ou à croître. Voilà pourquoi, dès les premiers âges du monde, on a cherché d'autres procédés. Le premier homme qui eut une tente et la ficha en terre, à l'aide de piquets de bois vert de platane ou d'orme, fut inventeur du bouturage. Beaucoup de végétaux, le figuier, le groseiller, etc., se marcottent naturellement, et les arbres qui se trouvent dans une haie se greffent souvent par suite du frottement.

BOUTURAGE

Le bouturage réussit bien dans les temps humides et chauds; c'est pourquoi le mois de mars doit être préféré pour cette opération; quelques plantes, exigeant une température plus élevée, doivent être bou-

turées sous cloches. Certains produits chimiques en
dissolutions étendues ont la propriété d'augmenter
les chances de réussite du bouturage : tels sont le

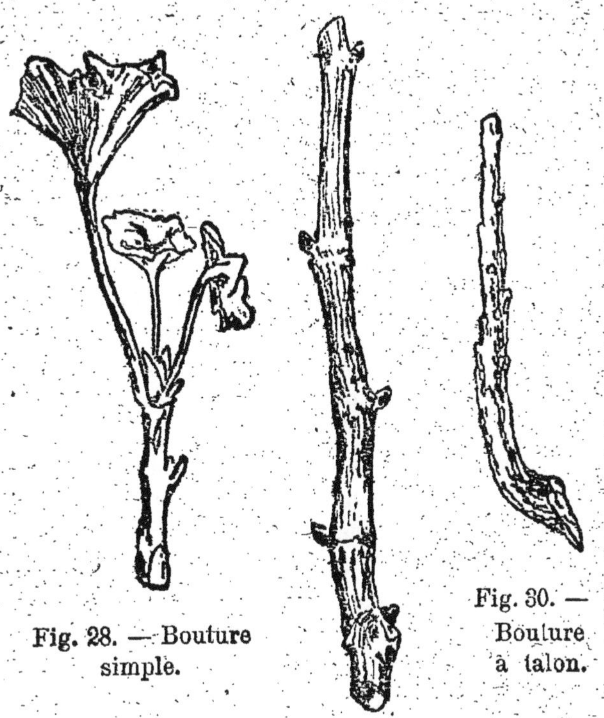

Fig. 28. — Bouture
simple.

Fig. 30. —
Bouture
à talon.

Fig. 29. — Bouture à crossette.

sulfate de fer ou le sulfate de cuivre à 1 o/o, le chlore
en dissolution étendue.

Bouturage ordinaire. — Les plants arborescents
qui prennent facilement par boutures doivent être

planté sur tronçons coupés des deux bouts et
n'ayant pas plus de 60 centimètres de long. Dès que
les yeux se gonflent et produisent des branches, on
ne laisse que les deux plus près du sol, dont le meilleur et le plus droit sera seul conservé. Dans l'année
le scion produit atteint souvent 1 mètre 50.

Bouture simple. — Elle est employée pour le fuchsia, le géranium, etc. On plante une jeune branche;
elle est très rapidement racinée et fleurit dans l'année. Le groseiller se multiplie ainsi (fig. 28).

Bouture à crossette. — On emploie une branche
de bois de l'année, dont la base est du bois de deux
ans et sur lequel les racines prendront mieux. Le rosier se multiplie bien ainsi. La branche ne doit pas
avoir plus de 30 centimètres dont 10 de vieux bois
seront en terre (fig. 29).

Bouture à talon. — On arrache la branche de
l'arbre, et l'écorce ainsi attachée à la branche joue le
rôle de crosse; cette méthode est mauvaise, elle peut
faire périr l'arbre qui a donné la bouture (fig. 30).

Bouture à bourrelet. — On serre en juin l'extrémité inférieure de la branche (qui sera bouturée en
février suivant) avec un fil de fer pour former un
étranglement qui racinéra bien mieux : le poirier se
bouture ainsi.

Bouture en fagot. — On plante dans une terre
bien meuble un fagot du bois à bouturer; dès que
les feuilles paraissent, on repique dans une bonne
terre : la vigne se multiplie bien ainsi.

Bouturage sous cloche. — Les rameaux sont plantés dans une terre plutôt sableuse et recouverts d'une

cloche qui leur donne plus de chaleur et plus d'humidité. On réussit parfaitement les greffes-boutures de vigne par cette méthode, mais il faut avoir soin de les placer dans un endroit ombragé.

Bouturage à œilleton. — Il se pratique pour l'ananas, la vigne, etc. On taille un œil sur le vieux bois en emportant soit toute la portion du bois occupé par cet œil, soit un simple morceau (fig. 31). Il faut avoir soin de laisser suffisamment de bois pour que les racines puissent se former. Ce genre de

Fig. 31. — Œilleton pour bouture.

bouturage est dit aussi semis à œilletons; il se fait sur couches ou sous cloches et peut réussir avec beaucoup de plantes.

MARCOTTE

La marcotte est une bouture qui se fait de telle façon que la tige bouturée emprunte des forces au pied-mère. Pour marcotter une plante, il suffit d'en plier une tige choisie près du pied, et l'enterrer partiellement en la maintenant courbée par un crochet (une épingle à lessive pourrait servir au besoin); on

aura eu soin d'enlever les feuilles de la partie en-
terrée. On n'a plus qu'à redresser la tige hors de terre
en la liant à un échalas, et à la séparer de la souche

Fig. 32. — Marcotte simple.

mère. Cette marcotte, faite au printemps, est bonne
à planter en novembre suivant. La vigne, la glycine,
le jasmin se multiplient bien ainsi (fig. 32 et 33).

Fig. 33. — Marcotte en pot.

Marcottes en arceaux. — La tige très longue peut
servir à faire à la fois plusieurs marcottes (chèvrefeuille). On nomme ce procédé à arceaux, parce que
les tiges hors terre forment une série d'arceaux. On
rend la racination plus prompte en étranglant légère-

ment la partie de la tige en terre au moyen d'un petit fil de fer qu'on serre au-dessous d'un œil. On
produit le même effet en tordant un peu la tige à
l'endroit qui est en terre, ou encore en enlevant une
petite rondelle d'écorce à cette même partie ; c'est ce
qu'on nomme faire *une incision*. On peut même
faire une incision jusqu'au bois en laissant la sève
circuler seulement dans une partie de l'écorce, de
sorte que, lorsqu'on redresse la tige hors terre, celle
qui se trouve en terre se fend un peu sans se détacher du pied-mère.

Marcotte par cépée. — On nomme ainsi un procédé rarement pratiqué qui consiste à couper, presque
au ras de la terre, un arbuste qui est ensuite recouvert de terre ; il donne un certain nombre de rejetons
qu'on peut planter à l'automne suivant.

Marcotte en godet. — C'est la plus commode pour
les arbres élevés. On peut très facilement faire ainsi
de beaux arbres. On se munit d'un morceau de
plomb dont on fait un cornet, on en entoure la partie de la plante qu'on veut marcotter ; dans ce godet
on met de la terre qu'on tient continuellement humide. On n'a plus qu'à couper lorsque les racines
sont formées et à mettre en place.

GREFFE

On a, avec la greffe, l'avantage d'une multiplication rapide, exacte et si efficace que les arbres mul-
tipliés ainsi fleurissent et produisent souvent dès la
seconde année.

Il y a trois grandes méthodes de greffage :

1° Par approche ;

2° En fente ;

3° En écusson.

Le greffage par approche se fait de plusieurs manières très différentes et généralement peu usitées.

Fig. 34. — Greffe par approche.

Greffe par approche proprement dite (fig. 34). — On fait, par exemple, en novembre la plantation d'un pommier sauvage (ou paradis) près d'un pommier cultivé. En avril, on pratique une entaille dans le sauvageon et une entaille dans la branche choisie du pommier. On fait coïncider les deux plaies, on lie fortement en recouvrant d'onguent à greffer (1) et on étête le sauvageon ainsi que la branche greffée. Il faut desserrer les liens après une huitaine de jours et les enlever complètement lorsque les feuilles sont vives et poussent bien. On ne sépare la branche greffée du pied-mère qu'un mois après le greffage.

Fig. 35. — Greffe à l'anglaise.

Greffe à l'anglaise. — Elle consiste à tailler le sauvageon en biseau et le bourgeon cultivé en biseau contraire (fig. 35). Se fait en mars-avril.

Greffe en fente. — Se fait en mars-avril à œil

---

(1) Voir à la fin du chapitre pour la préparation de ce corps.

poussant; et jusqu'en juillet pour la sève d'août. Elle exige les précautions suivantes : 1° cueillir les greffons (sujets à greffer sur sauvageon) au mois de janvier et les planter en terre au nord pour éviter que les yeux soient trop développés au moment de la soudure; 2° n'employer comme greffons que des rameaux de la dernière pousse.

Pour greffer, on étête l'arbre sur lequel la branche doit être greffée, puis on fend l'extrémité de cet arbre par le milieu sur une largeur de 3 cm. On prend un greffon qu'on taille en double biseau, en ayant soin de ne pas enlever l'écorce et de laisser deux des trois yeux au tronçon du greffon. On place ce greffon dans la fente en ayant soin de faire coïncider les deux cambiums et les deux parenchymes corticaux (1). Il n'y a plus qu'à serrer fortement avec du coton à greffer et recouvrir d'onguent.

Modification de ce mode

1° *Greffe à demi-fente.* — On n'entame qu'un des côtés de l'écorce du sujet à greffer. Dans la vigne, le côté est l'opposé du bourgeon précédent, parce que les bourgeons sont alternés.

2° *Greffe palladius.* — Sur la même fente on peut placer deux greffons (fig. 36). Ce procédé s'emploie pour les arbres assez gros.

---

(1) On nomme ainsi la partie verte qui compose l'écorce : le cambium est le liquide qui circule sous le parenchyme.

3° *Greffe en couronne.* — Lorsque les arbres sont très gros, on fait deux fentes en croix et on y place quatre greffons.

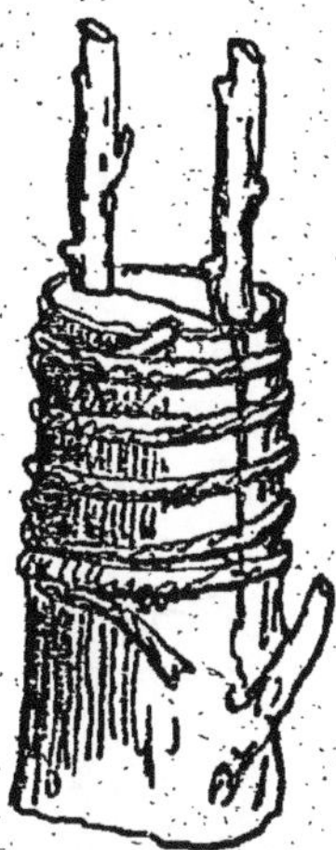

Fig. 36. — Greffe palladius.

On peut varier à l'infini les divers genres de greffe, mais nous tenons à le déclarer, ce sont les anciennes méthodes que nous venons d'exposer, les plus faciles et celles qui conviennent le mieux à tous les arbres.

Lorsque la greffe en fente est réussie, elle ne tarde pas à le prouver en produisant des feuilles et des branches. Il faudra veiller attentivement et couper, sans les enlever, les fils de coton que le mastic à greffer retient ; étant coupés, ils ne peuvent arrêter la végétation ; sans cela, on s'exposerait à perdre tout le fruit de son travail. On doit couper les fils seulement lorsque les yeux donnent naissance à des feuilles, et encore, si le bois ne grossit pas trop, attendre deux ou trois jours, ce qui, dans les années venteuses, assurera la réussite parfaite.

Greffe en écusson. — Ce procédé, le plus rapide et le plus pratique de tous, se fait de deux manières : *1° A œil poussant* ; *2° à œil dormant*. L'écussonnage à œil poussant n'est usité que pour certaines plantes d'agrément (rosier), car les arbres ainsi obtenus sont moins vigoureux qu'à œil dormant.

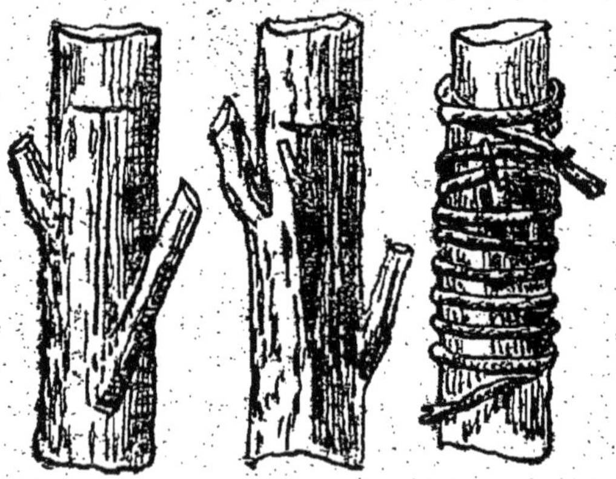

Fig. 37. — Greffe en écusson.

Ecusson à œil dormant. — Il est fait à la fin de la végétation, et l'œil, au lieu de pousser tout de suite, *dort* pendant quelques mois d'hiver ; on ne le pratique donc que de juillet à septembre, et l'œil pousse en avril suivant.

Ecusson à œil poussant. — L'œil produit des feuilles dans les premiers huit jours qui suivent le greffage ; on le pratique, pour les arbres fruitiers, au printemps ; en août-septembre, pour les rosiers. Les deux modes se pratiquent de même. On fait sur la branche à greffer, avec la pointe tranchante du greffoir, une incision en croix ou en T de la forme de la figure 37 ; cette incision est de 2 à 3 centimètres en longueur, et de moins de 1 centimètre en largeur. Avec la spatule du greffoir, on soulève le parenchyme cortical (blanc, jaune et vert en dessous) de l'arbre, et on glisse l'écusson. Lorsque l'arbre est en l'état voulu pour la reprise de l'écusson, l'écorce se soulève bien et on voit un peu de liquide sur le bois mis à nu.

L'écusson est obtenu en prenant sur le greffon (une pousse de l'année) un des yeux les plus vigoureux. Pour cela, on coupe d'abord les pétioles des feuilles de façon à n'en laisser que 1 centimètre ; puis on fait, à 1/2 centimètre en dessus de l'œil et à 1 centimètre en dessous, une section sur l'écusson à l'aide du greffoir. On appuie ensuite la lame de son greffoir sur l'incision supérieure de façon à aller presque jusqu'au bois, puis on la couche sur la branche et on la fait glisser en soulevant légèrement jusqu'à ce que l'écusson soit levé, c'est-à-dire que l'on soit arrivé à l'incision inférieure (fig. 38). Avant de poser l'écusson, on s'assure qu'il est bien levé ; il ne doit comporter que l'œil complet, avec le cœur de l'écorce qui les entoure, mais sans bois ; toutefois, il vaut mieux enlever une très petite épais-

seur de bois avec le parenchyme, que de risquer de
vider le cœur de l'œil. Quelquefois il arrive, en effet, qu'il ne reste pas de bois et que le derrière du
bourgeon est formé par trois points blancs et des
petits creux : le bourgeon ne prendra pas, car l'œil
est enlevé. Si l'envers de l'œil est rempli de bois, il
faut, avec la pointe du greffoir, l'enlever avec soin
pour ne pas endommager l'œil.

Fig. 38. — Préparation de l'écusson.

Nous avons dit qu'on glissait l'écusson en soulevant avec la spatule les lèvres formées par les deux
côtés de l'écorce sectionnée ; on le pousse avec la
spatule, on le pose bien, on rabat les deux lèvres,
puis on serre avec le coton à greffer qu'on fixe
solidement pour qu'il ne se détache pas, et que l'eau,

se glissant entre l'écorce et l'écusson, ne décolle ce dernier. On voit au bout de quinze jours si l'écusson est pris; dans ce cas, le pétiole de la feuille est jaune et se détache très facilement; dans le cas contraire, il est ridé et sec, et quelquefois, en voulant le tirer, on arrache l'écusson.

Cet écusson, bien pris, demande les soins suivants : Au bout d'un mois ou deux, c'est-à-dire au commencement d'octobre, desserrer le coton; en avril, sitôt que les bourgeons du tronc semblent vouloir donner des feuilles et que le bourgeon de l'écusson s'allonge, couper quelques branches de la tête; huit jours après, enlever tout le reste et ne laisser qu'une ou deux branches pour attirer la sève; au 15 mai, enlever tout ce qui reste et couper le tronc du sauvageon à quelques millimètres au-dessus du sommet de l'écusson; cette taille s'effectue en biseau, pour éviter que l'eau, en séjournant sur le faîte, ne fasse périr l'arbre. Bien entendu, on n'emploie que la serpette pour cela, le sécateur pouvant blesser la jeune pousse.

On greffe :

A œil poussant : 1° en fente; 2° en écusson, depuis la fin d'avril jusqu'en juin.

A œil dormant : écusson. Du 15 juillet au 15 septembre.

On ne doit greffer en écusson que lorsque l'écorce se détache bien du bois et qu'il y a suffisamment de sève pour assurer la reprise. L'écusson doit être préféré à la greffe en fente, car, si la greffe est manquée, l'arbre, au moins, n'est pas perdu.

Voici maintenant l'ordre des arbres à greffer, et chacun doit l'être huit jours plus tard que le précédent : pêcher, abricotier, prunier, amandier (à peu près en même temps) ; cognassier et poirier (huit jours après) ; pommier, Sainte-Lucie et mérisier (quinze jours).

Liens pour greffer. — On se sert, pour serrer les greffes, de fils de coton spéciaux gros comme des mèches de bougie et très doux au toucher. Quelques personnes préfèrent le raphia, qui se coupe plus facilement après la reprise et est moins coûteux. Mais l'amateur doit employer le coton, qui se conserve indéfiniment et se travaille facilement.

Mastics pour greffe. — On doit, pour augmenter les chances de réussite, recouvrir le coton en-dessus et en-dessous, dans l'écussonnage et la greffe en fente, avec du mastic à greffer ; il existe diverses formules de ces mastics ; le plus simple onguent est un mélange par moitié de bouse de vache et de terre glaise pétries avec de l'eau. On nomme cette pâte, que nous ne conseillons pas, l'onguent de Saint-Fiacre.

On peut aussi se servir de coaltar, mais on risque de se tacher les mains et les habits ; ce produit a l'avantage d'éloigner les pucerons et les fourmis pendant plus de deux ans.

La pâte suivante est excellente : On met dans 100 grammes d'alcool : 25 grammes de résine et 25 grammes de suif ; puis on ajoute 25 grammes de cire vierge. On fait fondre au bain-marie dans un vase hermétiquement fermé, pendant près d'une demi-heure. Cette pâte s'emploie à froid.

On peut employer une formule moins coûteuse en supprimant la cire et en fondant dans l'alcool, ou mieux dans l'essence de pétrole et au bain-marie, un mélange par portions égales de suif et de résine vierge ; l'on ajoute, pour 75 grammes de ces corps, 10 grammes de coaltar et 100 ou 125 grammes d'essence.

Mais on trouve dans le commerce des mastics à greffer qui remplacent avantageusement ces préparations.

Disons encore que tous les arbres ne peuvent se greffer les uns sur les autres, et que souvent tel arbre très semblable à tel autre ne peut se souder sur lui ; le poirier et le pommier sont dans ce cas.

Voici la liste des plantes qui se greffent le plus fréquemment :

Rosier sur églantier.

Abricotier, vigne et prunier sur eux-mêmes.

Poirier sur cognassier, poirier et épine.

Pommier sur pommier (sauvage, doucin ou paradis).

Amandier sur amandier, pêcher et prunier.

Pêcher sur pêcher, amandier, prunier et abricotier.

Cerisier sur merisier et Sainte-Lucie.

Cognassier sur cognassier, épine et poirier.

Néflier sur cognassier, épine et poirier.

Oranger sur citronnier et oranger sauvage.

Nota. — Le pommier pour plein vent doit se greffer sur paradis, les gobelets et petits arbres sur doucin ; le poirier sur franc convient mieux pour les tiges; sur cognassier, il est préférable pour les gobelets, etc.

TAILLE

La préparation des boutures et des greffes nous amène naturellement à parler de l'importante question de la taille des arbres. Il n'est pas exagéré de dire qu'une taille bien faite est la véritable marque d'un bon jardinier; c'est même par cet art tout particulier qu'il se distingue du cultivateur en général et, plus encore, du profane ignorant qui coupe à tort et à travers, sans raison ni méthode.

La taille des arbres repose sur certains principes fixes dont on ne doit s'écarter sous aucun prétexte. Il y a des arbres qui doivent être taillés pour produire; d'autres qui, sur ce point, sont moins exigeants; d'autres enfin qui ne veulent pas être taillés. Doivent être taillés et cela d'après des règles immuables : la vigne, tous les arbres en espalier, le pêcher, l'abricotier, le groseiller, le framboisier. Se trouvent bien d'une taille modérée : le pommier, le poirier, certains cerisiers. Ne doivent pas être taillés : le prunier de plein vent, le cerisier, le noyer.

Taille primaire. — On appelle ainsi la taille qui a pour but de donner la forme générale aux arbres. On doit, par exemple, pour faire d'un scion d'un an un arbre à haute tige, tailler toutes les branches latérales; mais il faut trois ans pour tailler et remonter la première branche à deux mètres du sol, si l'on ne veut pas que l'arbre soit tordu. Dès que cette hauteur est atteinte, on coupe le sommet de la tige principale et la tête se forme sur les branches latérales.

TAILLE SÉCONDAIRE

Poiriers et pommiers à tige.— A notre avis, trois

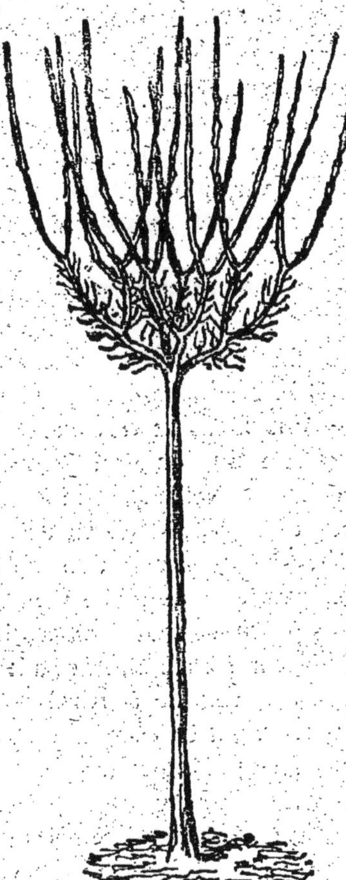

Fig. 39. — Taille à haute tige.

formes seulement sont bonnes pour ces arbres : à tige de plein vent, en pyramide, en gobelet. Les espaliers donnent des poires plus belles et plus douces ; il est bon d'en avoir un peu. Quant aux cordons qui conviennent aux très petits jardins, ils sont peu vivaces et produisent peu.

Le poirier et le pommier en plein vent se taillent ainsi que nous l'avons dit dans le paragraphe « taille primaire ». Il n'y aura plus qu'à couper tous les ans les quelques gourmands qui détruisent l'harmonie de l'arbre (fig. 39).

Poiriers et pommiers en pyramides. — On taille le scion greffé d'un an à 50 centimètres au-dessus du sol, en ayant soin d'avoir au sommet un œil vigoureux qui produira une nouvelle branche. Dans l'année, les bourgeons latéraux donnent de fortes branches ; le bourgeon du haut en produit également une forte. La seconde année, au commencement de mars, on fait la seconde taille en enlevant l'extrémité des branches au-dessus d'un bon œil et la branche principale est taillée de même à 80 centimètres au-dessus du sol. On doit avoir une pyramide déjà bien formée à 1 mètre de hauteur. La troisième année, on la remonte à 1 mètre 50, mais il faut avoir soin de ne pas enlever les yeux à fruits, reconnaissables à leur grosseur (fig. 40).

Poiriers et pommiers en gobelets ou buissons. — On rabat le scion à 30 centimètres au-dessus du sol.

Les bourgeons croissent et finissent par former un buisson et il n'y a plus qu'à tailler à 25 centimètres de longueur chacune des branches latérales que

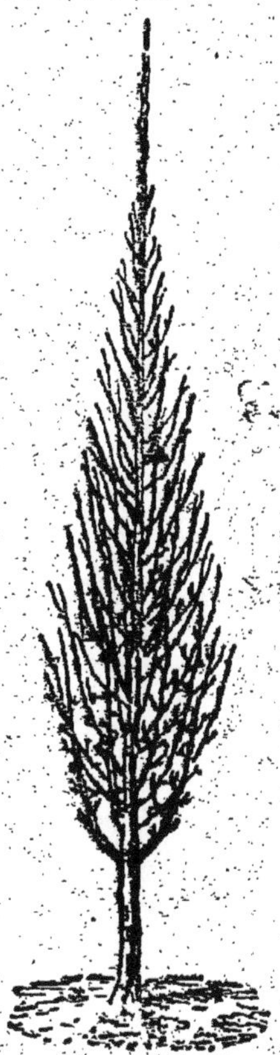

Fig. 40. — Taille en pyramide.

l'on rallonge tous les ans de 10 à 20 centimètres
(fig. 41).

Poirier en espalier. — Il se taille soit en U, soit en palmette. Pour la palmette, on la taille à 3o cen-

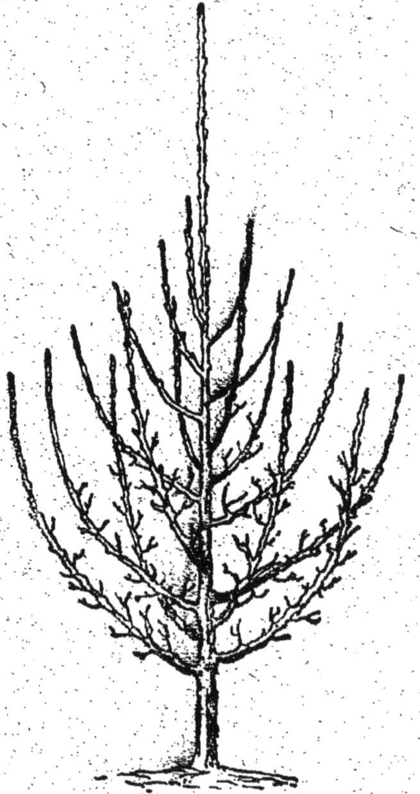

Fig. 41. — Taille en gobelet.

timètres au-dessus du sol, les bourgeons latéraux produisent des branches que l'amateur peut diriger à son gré (fig. 42 et 43). La taille en U se pratique surtout pour garnir le tour d'une fenêtre ; on rabat à 20 centimètres en laissant seulement trois yeux, dont le moins bien placé devra disparaître. Dès que les deux branches de charpente sont bien formées,

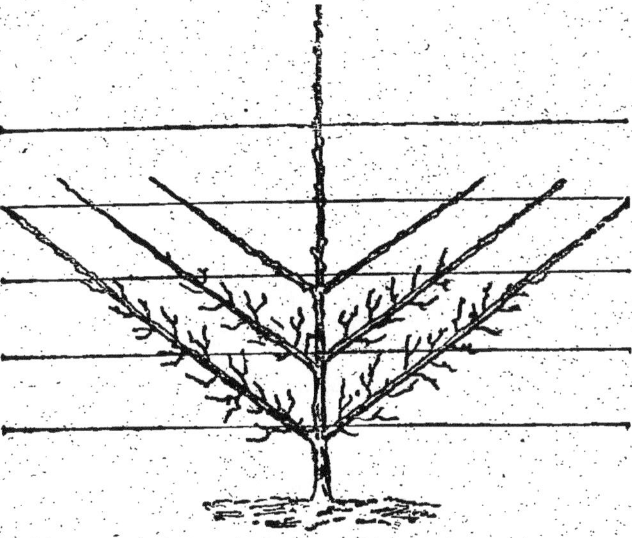

Fig. 42. — Palmette en espalier.

on arrange les branches secondaires. Il faut environ trois ans pour garnir un mur.

Qu'on ne l'oublie pas, le poirier doit être taillé peu et bien, seulement pour prendre une belle forme et produire des fruits plus beaux.

Pêcher. — Le pêcher demande une bonne taille. Comme les fruits ne viennent que sur les branches bien aoûtées de l'année précédente et non sur les vieilles, il faut avoir soin d'enlever celles qui seront inutiles et laisser surtout de quoi avoir la branche de remplacement. On taille la branche qui va pro-

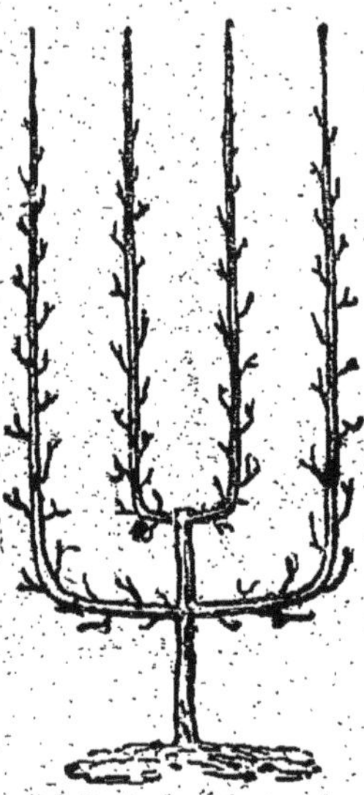

Fig. 43. — Taille en U (espalier).

duire dans l'année à 15 centimètres de la branche qui la porte. Le premier œil donnera dans l'année une branche (branche de remplacement) qui, l'année suivante, deviendra porte-fruits. Il faudra donc, la seconde année, supprimer la branche qui ne produit plus, et ce sera celle de remplacement qui fructifiera, et ainsi de suite d'année en année.

Ceci posé comme principe immuable, nous dirigerons le pêcher comme le poirier, en donnant une belle forme, qui est le superflu mais qu'on recherche néanmoins.

Abricotier. — Très difficile à tailler; cet arbre dépérit du bas, car les branches qui ont fructifié ne produisent plus ; il faut donc avoir toujours un bourgeon de remplacement. Mais ici, c'est le bourgeon qui produit la fleur et non la branche de deux ans comme pour le pêcher, de sorte qu'on a une difficulté de plus.

VIGNE

La vigne se plante en treille ou en espalier ; dans les deux cas, on plante les pieds à un mètre l'un de l'autre ; on peut commencer à les diriger au moyen des fils de fer ou des montants de la treille, dès qu'ils ont atteint 2 ans.

La taille doit-elle être longue ou courte ? J'ai fait plusieurs fois l'expérience qu'une taille trop longue épuise la vigne, fait produire de mauvais raisins et des grappes qui mûrissent difficilement. Une taille trop courte empêche la production. Il faut donc se tenir dans un juste milieu.

Première année. — La branche qu'on a greffée sur le plant résistant, ou la marcotte franche, est taillée au-dessus du quatrième œil. On obtiendra ainsi quatre branches ; la première en haut sera attachée de façon à garnir le haut du mur ou à courir le long du treillis (dans ce cas, on la rabattra pour qu'elle n'ait pas plus de 1 mètre 50 de longueur). Les autres scions seront rabattus à 35 centimètres et formeront un éventail. Puis on supprimera la branche inférieure, qui nuirait à la végétation des autres.

Deuxième année. — Les branches qui subsistent sont taillées en ne laissant que trois yeux d'où sortiront trois branches ou coursons. Très souvent, il se forme en dessous de ces yeux des branches qu'on nomme contre-bourgeons ou contre-œil et qui, dans le chasselas notamment, produisent souvent autant que la branche de l'œil. Dès le mois de juillet, il faut pincer, c'est-à-dire enlever l'extrémité des contre-bourgeons et des bourgeons inutiles, car les fruits seraient moins beaux.

Les autres années, on continue la taille en suivant les mêmes principes. Au bout de trois ans, une treille doit avoir sur trois branches principales une centaine de coursons qui peuvent donner, dès la cinquième année, quatre cents belles grappes de raisins.

Une disposition avantageuse pour tous les arbres en espalier et surtout pour la vigne est celle dite en palmettes alternées (fig. 42), qui économise beaucoup de place tout en laissant aux fruits et aux feuilles l'air et la lumière qui leur sont nécessaires, ce qui est une des raisons principales de la taille ; quant à la direction horizontale ou oblique donnée aux coursons, on sait qu'elle a pour but de contrarier la marche ascendante de la sève qui séjourne alors davantage dans le bois et y produit une plus grande quantité de bourgeons mieux nourris ; mais il est évident qu'un arbre ainsi forcé doit être moins vigoureux qu'un sauvageon ; il ne faut donc pas dépasser certaines limites.

Époque de la taille des arbres

On doit tailler du 15 février au 15 mars, dans l'ordre suivant : vigne, pêcher, abricotier et cerisier en quenouille ou en gobelet (fig. 41); du 15 mars au 1" avril : poirier, pommier et groseiller.

Gomme des pêchers, abricotiers, pruniers, etc. — On enlève cette gomme avec le couteau à greffer. On entame le bois jusqu'à ce que tout le brou soit enlevé; on remplace le bois enlevé par du mastic à greffer ou du coaltar additionné de moitié de briques pilées.

Définition des mots employés dans la taille :

Œil : petit point qui se trouve à l'endroit où la feuille s'attachait sur la branche et qui devient très apparent à la chute des feuilles.

Bouton : œil qui grossit au printemps.

Bourgeon : bouton qui donne naissance à des feuilles, à des branches, à des fruits.

Bourgeons à feuilles : minces et pointus.

Bourgeons à fruits : gros et plutôt plus court.

Gourmand : branche qui ne fructifie pas et qui est large à sa base.

Bourse (dans le poirier) : Bourgeon qui a déjà produit et qui produira encore.

Dard : Branche qui se couvre de boutons à fruits la deuxième année et prend alors le nom de lambourde.

CHAPITRE V

Maladies des plantes. — Animaux nuisibles

Epuisement. — Cette maladie a deux causes opposées. Elle peut provenir d'une surabondance de sève qui, ayant fait rendre énormément un arbre, finit par le fatiguer et le faire mourir. On reconnaît cette cause à la production de nombreux gourmands ; dans ce cas, il faut tailler très court. On voit quelquefois des arbres se couvrir de feuilles et ne jamais rien produire ; alors, il faut enlever des feuilles pour ralentir un peu la végétation. Lorsqu'il y a surabondance de sève, ne pas fumer la terre pendant quelques années. L'épuisement peut provenir aussi d'un manque de sève ; dans ce cas, voici le remède : une fumure substantielle, du fumier de cheval consommé, la plante se rétablira.

Il y a des maladies qui simulent le manque de sève et que nous allons passer en revue :

Chlorose. — La chlorose est caractérisée par des

taches jaunes et blanchâtres qui couvrent les feuilles. Ces taches sont dues à deux causes : intempéries qui développent certains *myceliums*, ou pauvreté du sol en fer. On peut combattre ces deux causes et faire disparaître la maladie en arrosant les feuilles avec une solution à 1 o/o de sulfate de fer. On en jette aussi au pied des plantes.

Langueur. — Dans cette maladie, la plante dépérit rapidement, ses feuilles deviennent petites, l'arbre ne produit pas de bois. La cause unique est un terrain trop sec, trop sableux ou fatigué par une culture forcée. Il faut alors fumer avec un mélange par moitié de fumier neuf et de fumier consommé, qu'on enterre assez profondément.

L'emploi de la charrée comme engrais cause quelquefois cette maladie.

Jaunisse. — La jaunisse est l'agonie d'une plante; cette maladie (qui n'est qu'un symptôme) fait jaunir la feuille hors saison. Deux causes : trop d'humidité ou trop de sécheresse. Dans le premier cas, drainer ; dans le second, arroser.

Etiolement. — Disparition plus ou moins complète de la chlorophylle des feuilles qui, de vertes, deviennent blanches. L'unique cause de ce mal est l'absence de lumière. Une plante étiolée dans une cave redevient verte en huit jours dans un jardin ensoleillé.

Tacon. — Maladie du safran, due à un petit champignon qui le fait pourrir; les bulbes malades, plongées dans une solution concentrée d'eau céleste, redeviennent saines.

Morve blanche des glaïeuls. — C'est à peu près la même maladie ; il suffit d'enlever toute la partie malade (extérieure) pour sauver l'oignon.

Black-root ou rouille noire de la vigne. — Il se développe dans le raisin des petits champignons microscopiques qui décomposent le sucre en le faisant fermenter (nous avons pu tirer cette conséquence d'expériences personnelles, puisque en distillant le raisin ainsi malade, nous avons obtenu de l'alcool). Le remède doit être préventif ; c'est la bouillie bordelaise pulvérisée, en trois fois : juin, fin juin, commencement juillet, pour le centre de la France.

Certains cépages (l'*Othello* notamment) sont sujets à cette maladie qui atteint difficilement le meslier, le chasselas et le noah.

Oïdium. — Le raisin devient gris, puis noir ; il est dur, ne mûrit pas, n'est pas mangeable et ne s'écrase pas sous le pressoir. Les spores d'oïdium ne se développent que lorsque le temps est suffisamment humide. Les remèdes : lorsqu'une vigne vous donne des raisins ayant l'oïdium, badigeonnez-la, aussitôt après la récolte, avec un lait de chaux épais ; avant la pousse, rebadigeonnez avec une solution à 6 o/o de sulfate de fer et, à la floraison, soufrez fortement ; recommencez quinze jours après. Voilà le vrai moyen de se débarrasser de cette maladie, ainsi que de l'*anthrachnose* de la vigne.

Mildiou. — C'est le « blanc » de la vigne ; elle fait tomber les feuilles et empêche le raisin de mûrir. On combat le mildiou, bien avant son apparition, au mois de juin, par la bouillie bordelaise pulvérisée sur les plantes.

Pourriture de la pomme de terre. — Cette maladie est due à un parasite : le *botrytis infestans*. Sous son action, les cellules des tubercules sont décomposées. Ce parasite demande environ deux ans pour se développer complètement. Les pommes de terre plantées dans le champ où on les a récoltées y sont plus sujettes que les autres. Par des expériences décisives, nous avons acquis la certitude que cette maladie était en germe dans la pomme de terre mère. Il suffit donc, pour la détruire, de laver les pommes de terre à planter dans une solution faible de sulfate de cuivre, neutralisé par un peu de chaux, et d'ajouter à la terre un peu de cette solution. C'est le seul moyen véritablement infaillible de combattre cette terrible maladie.

Rouille du haricot. — Dans cette maladie, les haricots deviennent noirs et comme pourris ; ils ne sont bons à rien. Cela arrive surtout les années pluvieuses. Nous ne connaissons pas de bon remède.

Ergot du seigle. — Dans cette maladie, le grain devient noir et vénéneux. Pas de remède ; brûler la récolte, chauler la terre et semer autre chose.

Charbon du maïs, Rouille du blé, Carie du blé. — Maladies qui détruisent ou altèrent le grain. Deux remèdes : changer la culture ou chauler les graines avant de les semer.

Meunier ou blanc du rosier, du concombre, des tomates, etc. — C'est toujours la même maladie dangereuse. On la combat par le soufrage, la bouillie bordelaise (1), le sulfate de fer, la cendre encore chaude, la chaux pulvérisée; tous ces remèdes sont bons.

Il y a un grand nombre d'autres maladies que nous ne pouvons passer en revue ici. Une remarque générale : Il est bien certain que toutes les maladies sporadiques se développent en deux ans ou, plus exactement, en deux états de vie ; c'est ainsi que la rouille du blé se développe d'abord sur le vinetier ; le mildiou, sur certaines rosacées, etc.

Insectes nuisibles. — Il existe quantité d'insectes nuisibles aux plantes ; les uns sont microscopiques, les autres visibles à l'œil nu. Les oiseaux sont encore les meilleurs alliés de l'homme pour lutter contre eux ; et nous insistons sur ce point, qu'un très petit nombre d'oiseaux seulement sont nuisibles ; encore rendent-ils certains services qui doivent leur faire pardonner leurs méfaits. Le corbeau mange un nombre considérable de vers blancs ; les granivores s'attaquent de préférence aux grains malades et empêchent ainsi la maladie d'envahir des champs entiers. Les grives mangent les raisins véreux, les moineaux vivent volontiers des fruits mauvais. Que nos cultivateurs ne l'oublient pas : tous les mal-

---

(1) La bouillie bordelaise est un excellent insecticide. On la prépare en jetant de la chaux fraîchement éteinte (8 kilog.) dans une solution de 5 kilog. de sulfate de cuivre avec 100 litres d'eau.

heurs dus aux maladies et aux insectes qui ont fondu sur eux depuis un demi-siècle, sont causés par le manque d'oiseaux qu'on pourchasse sans pitié.

Hannetons et vers blancs. — Le hanneton est un gros insecte brun, bien connu, qui vit de feuilles; c'est par là qu'il est funeste aux plantes. Mais sa larve, qu'on nomme turc ou ver blanc, est plus dangereuse encore ; elle coupe toutes les racines, attaquant de préférence la laitue, les fraisiers, les rosiers, les pommiers et les cognassiers. Elle reste trois ans en terre, détruisant tout. On a trouvé, vers 1890, une maladie qui le fait périr rapidement et sûrement : le *botrytis tenela,* champignon qui détruit le ver blanc. Il se propage très rapidement. Nous conseillons vivement à nos lecteurs cette arme peu coûteuse et infaillible (1).

Larve du cerf-volant. — Se creuse dans le bois des galeries qui épuisent et font mourir les arbres attaqués. Si l'on s'en aperçoit à temps, il suffit d'écraser la larve dans son trou avec une petite baguette flexible de prunier ou de coudrier, puis de mastiquer le trou avec de la terre glaise qu'on recouvre de coaltar. Si le trou est trop profond, mettre de la naphtaline dedans et mastiquer comme tout à l'heure; la larve sera rapidement asphyxiée.

Charançon. — Insecte qui détruit le blé en ron-

---

(1) En vente à la Société Nationale des Produits chimiques, 52, rue des Écoles, à Paris. — L'Occidine (pasteurisation du sol par l'Occidine, 36, rue de Trévise, Paris) tue également très bien les vers blancs, courtillères, limaces, fourmis, etc.

geant toute la partie farineuse ; un insecte du même genre ronge les pois dans les années sèches. On ne connaît pas beaucoup de remèdes : le chaulage et le sulfatage des graines pour les semis semblent donner de bons résultats.

Altise ou puce de terre. — Petit insecte qui saute comme les puces et a une belle couleur bleue. Il ronge certaines plantes potagères : les radis, les choux, etc. On le détruit en passant au-dessus des planches de légumes une planche de sapin garnie de glu, de coaltar ou de goudron ; on projette en même temps un peu de terre sur les légumes, les altises sautent et se collent à la planche gluante. On n'a plus qu'à les échauder.

Cantharide. — Petite mouche ronde, d'une odeur repoussante, qui ronge les chênes, les troènes, etc. On les recueille le matin, au lever du soleil, en secouant les arbres ; les pharmaciens les utilisent.

Eumolpe. — Ressemble au précédent, sauf qu'il est brun et noir. Il coupe les bourgeons, les feuilles, etc. ; terrible pour la vigne ; on ne peut le détruire que par le sulfatage et le chaulage.

Courtillière. — C'est un des pires ennemis du cultivateur ; la courtillière a 3 cent. de long, elle possède deux longs crochets avec lesquels elle coupe les plantes ; sa couleur est brune un peu jaune. Pour la détruire, il faut verser de l'eau bouillante additionnée de sulfure de sodium (10 gr. par litre) dans son nid, ou encore de l'eau mêlée d'huile ou de pétrole (5 o/o).

Fourmi. — Cause relativement peu de dégâts dans

nos climats; lorsqu'il y a une fourmilière, il suffit de l'échauder pendant la nuit.

Guêpe. — Bien plus nuisible que la fourmi; se détruit par le même moyen; on peut encore l'asphyxier avec une cloche et du soufre.

Puceron. — Cet insecte qui empêche les arbres de croître et les fait quelquefois sécher se détruit difficilement. La bouillie bordelaise à laquelle on ajoute 1 o/o de pétrole est le seul remède.

Chenille. — Se détruit par ce même mélange, ou par le savon noir: 25 gr. dans 1 litre d'eau et 10 gr. d'essence de pétrole. Mais ce sont encore les oiseaux qui en détruisent le plus.

Dacus ou chiron. — Attaque les olives. On le détruit en brûlant les fruits attaqués.

Escargot. — C'est le grand ennemi des légumes et des fruits; il faut ramasser tous ceux que l'on rencontre, les écraser, et les donner aux volailles.

Limaces ou licoches. — Sont plus dangereuses encore. On s'en débarrasse en mettant sur le jeune plant de salade de la chaux vive en poudre. Les crapauds consomment une grande quantité de limaces.

Phylloxera. — Le plus terrible ennemi de la vigne. On peut lutter contre lui avec le sulfure de carbone ou les sulfures alcalins, mais sans grand avantage; à mon avis, il vaut mieux greffer sur riparia, viala, et autres plants sauvages américains très résistants.

Perce-oreille, Sauterelle. — Le premier n'est pas très nuisible; la seconde, dans le centre, pas du tout. En Provence et en Algérie, il n'en est pas de même malheureusement, et il faut lutter contre, comme si c'était une invasion teutone.

Mulots, Souris, Rats. — Contre ces animaux, on peut se servir des chats, mais j'ai encore plus confiance dans les souricières ou ratières.

D'ailleurs, il faut faire la chasse aux rongeurs dès qu'on croit reconnaître leur présence, et ne pas attendre qu'il y en ait un régiment. Les hiboux, les chouettes sont les ennemis acharnés de ces animaux et en détruisent de grandes quantités.

On peut préparer soi-même un insecticide à base de coaltar : il faut pour cela faire bouillir 2 kilogr. de racines de saponaire ou 250 gr. de bois de panama dans 5 litres d'eau. La décoction bouillie avec 1 kilogr. de coaltar l'émulsionne, et il suffit de mettre 1 litre de ce mélange dans 100 litres d'eau pour tuer les chenilles, les pucerons, etc.

CHAPITRE VI

Le jardin fleuriste, le potager, le fruitier.

Jardin fleuriste. — L'objet principal du jardin fleuriste étant de plaire aux yeux, nous devons nous occuper de la façon d'y disposer les fleurs et arbres qui en sont les éléments constitutifs. Nous serons assez bref, car l'art du jardin demande comme tous les arts une aptitude primitive, un « génie » particulier. Néanmoins avec du goût et après avoir vu les formes pratiquées, chacun peut dessiner et se faire soi-même un jardin bien agencé. Bien entendu, il faut compter aussi avec la superficie dont on dispose ; c'est même surtout à ce point de vue que nous allons étudier le sujet.

On distingue deux sortes de jardins : le géométrique ou jardin français, et le naturel ou paysager qu'on appelle improprement jardin anglais. Dans le premier, tout est dessiné et mesuré exactement ; une pelouse sera toujours au centre réel ; ensuite on placera une allée, puis un massif. Au milieu de la pelouse et sur les côtés, on dispose des corbeilles ;

en face de la maison, sur le devant de laquelle se
trouve la pelouse, on dessine une avenue. Souvent,
dans cette espèce de jardin, on met des statues.
Quelquefois même, pour peu qu'on n'ait pas le goût
très artistique, c'est un véritable déballage ; rien
n'est si facilement laid que cette artificielle nature,
rien ne choque si désagréablement que ces corbeilles
monotones, rouges sur fond vert. Ajoutez une boule
argentée, un jet d'eau avec trois poissons rouges,
deux aloès en fer blanc dans deux corbeilles en zinc,
et vous aurez un chef-d'œuvre de banalité préten-
tieuse.

Il n'en est pas de même du jardin naturel qu'on
nomme quelquefois jardin anglais (fig. 44). Tout y
est prévu, tout y est artificiel, mais tout semble im-
prévu et naturel ; il n'y a plus de corbeilles rouges
sur fond vert. Le jardin naturel convient d'ailleurs
aussi bien aux petites superficies qu'aux grandes.

Jardin de quatre ares ; 20 mètres de côté. — Ici
deux cas.

Premier cas : Vous avez des murs autour de vous ;
alors le grand point sera de les masquer pour faire
paraître le jardin plus grand qu'il n'est. Dans le plan
qui convient au plus petit jardin, on a, lorsque les
arbustes sont suffisamment forts, l'illusion du grand
jardin, surtout si le mur est tapissé de chèvrefeuille,
de jasmin, etc., et si, dans le fond, on trace le commencement d'une allée tournante. On augmente
l'illusion en disposant habilement les arbres et les
massifs.

Deuxième cas : Vous avez des arbres autour de

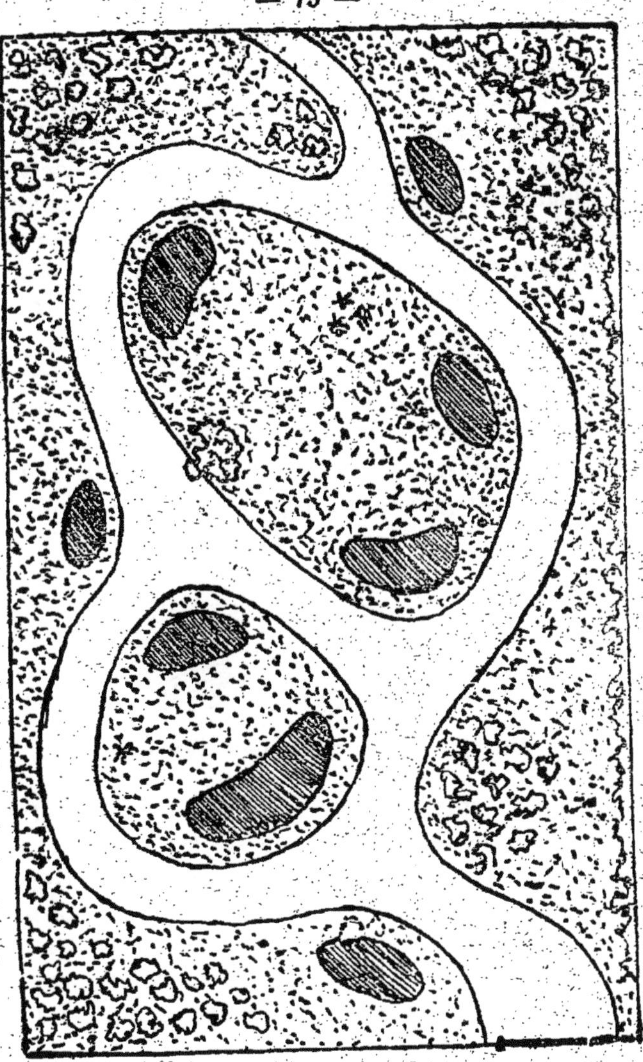

Fig. 44. — Jardin paysager.

vous dans les propriétés voisines ; il faut que ces arbres semblent faire partie de votre jardin. Pour cela,
point de lierre, point de plantes grimpantes ; mas-
quez la haie de clôture par des plantes sauvages,
églantiers, noisetiers, etc., de façon à faire croire à
un massif ; bordez ce pseudo-massif d'une petite
allée qui sera limitée par une pelouse et dont les
extrémités seront dissimulées derrière des corbeilles
un peu hautes.

Il est certaines règles générales consacrées par
l'expérience et dont on ne doit jamais se départir
dans le tracé d'un jardin paysager, surtout si ce
jardin est de peu d'étendue. On doit éviter les
courbes exagérées et compliquées ; les allées doivent

Fig. 45. — Roulette pour border les gazons.

toujours suivre la voie la plus directe et n'être dé-
viées de la ligne droite ou de la courbe à grand
rayon que par des obstacles supposés insurmon-
tables, tels que bouquets d'arbres, massifs de fleurs,
etc., qui limitent les pelouses ; les bords des allées
doivent être parallèles et le gazon coupé nettement
à la roulette (fig. 45) ; les pelouses comme les massifs seront de formes simples et s'éloignant peu de
l'ellipse ; le milieu des pelouses doit être toujours

libre ; on ne plantera isolément que de très gros arbres de belles formes ; les bouquets se composeront avec avantage d'un nombre impair d'arbres ou d'arbustes ; enfin les massifs seront toujours bombés, les pelouses très doucement valonnées, soigneusement gazonnées et taillées à la tondeuse (fig. 46).

Jardin de cinquante ares et au-dessus. — Dans ces jardins on peut, tout en observant les règles ci-dessus avec quelque latitude, imiter parfaitement la

Fig. 46. — Tondeuse pour gazons.

nature ; si un ruisseau traverse le jardin, on y jette quelques gros moellons pour avoir des chutes d'eau ; on peut aussi établir un petit pont sur ce ruisselet, et ce pont, moussu, sera fait en briques et ciment sur lequel on sèmera du terreau mélangé des graines suivantes (1 gramme pour 100 de terreau) : ray-grass 2, flouve odorante 1, paturin des prés 1. On recouvre le tout de terre lancée à la volée : une couche de 1 à 2 centimètres suffit. On met sur le parapet ce même mélange, et l'on arrose très peu ; quinze jours après l'herbe verdit. On n'a plus qu'à jeter le long du parapet des graines de pâquerettes et de myosotis qui émailleront les bords du pont. Mais les ponts, cascades, grottes, kiosques, etc., ne devront s'employer qu'avec beaucoup de discrétion.

Nous croyons que nos lecteurs sauront employer pour leur jardin une forme parfaite, s'ils se laissent guider uniquement par leur goût ; c'est pourquoi nous ne nous étendons pas plus sur ce sujet.

Potager. — Après l'agréable, l'utile. Nous ne décrirons pas la forme du potager qui doit toujours être divisé en planches de longueur variable et de largeur uniforme, séparées par de petits passages de 30 à 40 centimètres de largeur ; pour tous les légumes sans exception, le potager doit être bien fumé et souvent arrosé ; il faut le sarcler et le biner fréquemment pour éviter les mauvaises herbes. Plus on arrose les légumes, plus ils sont beaux, mais moins ils sont savoureux ; par exemple, les carottes arrosées tous les deux jours contiennent 3 à 6 o/o de sucre de plus que celles qui sont arrosées tous les jours matin et soir ; les salades et les choux font seuls exception à cette règle. L'amateur devra donc se régler sur cette observation pour obtenir des légumes de la douceur qu'il aime. Si l'amateur, auquel nous nous adressons, n'a que quelques mètres carrés de terrain, nous lui conseillons de cultiver des plants donnant des produits de grande valeur ; par exemple l'ananas qui demande beaucoup de soins et une chaleur continue, c'est-à-dire la culture sur couche.

Il nous serait difficile de donner des renseignements généraux plus étendus, chaque plante exigeant des soins particuliers; nous étudierons ces questions aux chapitres VIII et IX en lesquels nous détaillerons : 1° les travaux de jardinage pour chaque mois de l'année; 2° les propriétés des plantes les plus communes et la culture que chacune d'elle demande.

Fruitier. — De même, nous ne pouvons dire que peu de chose du fruitier en général. Dans les grandes exploitations, on les divise en deux portions : la pépinière avec la serre et le jardin fruitier proprement dit, qui se compose de carrés plus ou moins vastes en chacun desquels les arbres de même espèce sont disposés en quinconce, à la distance de 1 mètre 5o à 2 mètres les uns des autres s'il s'agit d'arbres en plein vent, ou en cordons et contre-espaliers; pour les arbres cultivés en espaliers, comme les pêchers à Montreuil, on élève une série de murs parallèles, tous exposés au midi, haut de 2 mètres au moins, et séparés par la même longueur, afin que le soleil puisse bien échauffer chaque rangée d'arbres.

Il est évident que l'amateur ne pourra égaler ces importantes installations, mais il devra toujours s'en inspirer; ainsi, son fruitier devra être exposé au midi; il aura un mur pour les arbres d'espaliers, devant lequel courra un cordon de pommiers, par exemple (fig. 47), puis une allée de 2 mètres, parallèle au mur, séparera ce premier cordon d'un second, lequel sera surmonté d'un contre-espalier; un passage de 75 centimètres sera établi entre cette première ligne et une seconde, etc.; puis, si l'on a de la place et qu'on veuille des arbres de plein vent, on les plantera un peu où l'on voudra, dans le potager, excepté à l'ombre. Pour la vigne, il sera bon d'en faire une treille qui séparera, sans rien déparer, le jardin fleuriste du potager.

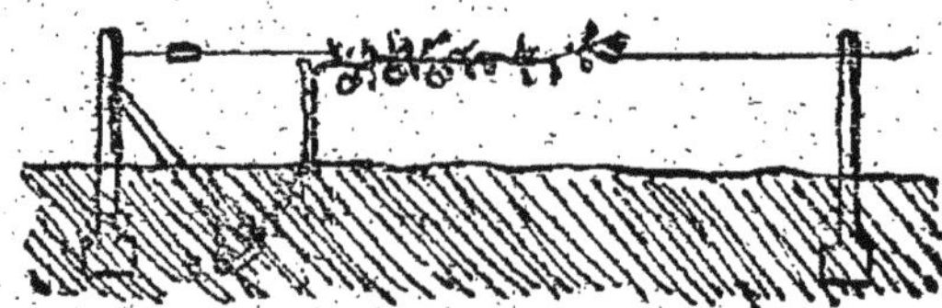

Fig. 47. — Pommier en cordon.

De toutes façons, on devra s'arranger pour assurer aux arbres fruitiers de l'air, de la lumière, de la chaleur en abondance, et pour pouvoir les approcher, les soigner, les exploiter facilement. Quant à leur plantation, on la fera précéder d'un défonçage de la terre : on creusera un trou de 75 centimètres de profondeur, de 1 mètre de long et autant de large, dans lequel on mettra une quantité suffisante de terre convenablement préparée et fumée, suivant l'espèce de l'arbre à planter.

Certaines espèces ne doivent jamais figurer dans un jardin; tels sont le châtaignier et surtout le noyer, qui épuisent la terre et donnent trop d'ombre, ce qui empêche qu'on puisse rien cultiver alentour.

CHAPITRE VII

Culture en chambre

Il n'y a personne qui ne s'intéresse au jardinage ; beaucoup s'y passionnent ; mais tout le monde n'a pas un jardin pour s'y livrer à l'aise. De plus, certaines personnes, les dames surtout, tout en aimant les fleurs, répugnent aux travaux, quelquefois assez durs et quelquefois peu propres, qu'exige la vraie culture ; c'est sans doute pour ces personnes qu'a été inventée la culture en appartement, imitation imparfaite et pâle du jardinage, mais qui, cependant, peut procurer certaines satisfactions à qui sait s'en occuper intelligemment. Nous allons donner, à ce sujet, quelques indications générales qui, comme pour la culture du jardin fleuriste, du potager et du fruitier, seront complétées à la liste générale des plantes usuelles.

Soins à donner aux plantes d'appartements. — Les plantes d'appartement demandent, comme toutes les autres, de la lumière et de l'eau. Il leur faut aussi une eau non stagnante. Voici les précautions que l'on prend pour cela :

Le pot de terre dans lequel on met la plante est poreux et non vernissé ; il est percé d'un trou à sa base ; en outre, pour que la terre ne l'obstrue pas, on a soin, lorsqu'on rempote des plantes, de placer dans le fond un lit de cailloux, d'ardoises ou de morceaux de pots à fleurs cassés ; le lit est recouvert de terre, puis on place la plante avec de la terre qu'on tasse tout autour. On arrose et on conserve dans un endroit ombragé jusqu'à reprise complète, ce qui demande au plus trois jours.

Dans les jardinières où l'on place les pots, ne pas laisser d'eau ; arroser les plantes sur la fenêtre, par exemple, ou sur un évier, et ne les mettre dans la jardinière qu'un quart d'heure après, quand toute l'eau en excès s'est écoulée. Lorsque le temps est favorable, tiède et humide, exposer les plantes à l'air et à la grande lumière. Si l'on savait combien la lumière est utile aux plantes, on ne les reléguerait pas perpétuellement dans le fond le plus obscur du salon ; on ne les y placerait que lorsque cela serait nécessaire, pour les mettre aussitôt près de la fenêtre en pleine lumière. Les plantes d'appartement n'étant pas exposées aux grandes pluies, il faut, au moins tous les mois, laver leur feuillage avec une éponge douce et de l'eau à une température de 13° environ ; le feuillage sera toujours plus frais, plus vert, et la plante se portera mieux. En hiver, ne faire cette opération que si le temps n'est pas trop froid. Enfin, il faut débarrasser les plantes de leur parasites lorsqu'elles en ont: le kermès notamment (il se colle à l'envers des feuilles en une tache brune assez petite). Les insectes se détruisent par deux lavages à l'eau additionnée de tabac, à deux jours de distance.

En resumé, les plantes d'appartements veulent :

1° De la lumière;

2° De l'eau quand la terre des pots commence à sécher;

3° Pas d'eau stagnante qui fait pourrir les racines ;

4° Nettoyage à l'eau et destruction des parasites.

Du reste, les indications plus détaillées que nous donnons pour la petite culture en jardin conviennent parfaitement, à quelques modifications près, pour la culture en chambre.

Quelles plantes faut-il mettre dans les appartements? — En suivant les préceptes précédents, tous les arbustes de petites dimensions conviennent. Mais il est bon de s'en tenir à certaines variétés : les orangers, les caoutchoucs, les palmiers, les kentias, les araucarias, les azalées, les cyclamens, toutes les plantes bulbeuses sans exception, les rosiers nains, et en général toutes les plantes qui demandent plutôt un endroit à demi ombragé et abrité.

Plantes bulbeuses en carafe. — On place des oignons de tulipe ou de jacinthe : les racines dans de l'eau contenue dans une carafe; bientôt l'oignon pousse et la fleur ne tarde pas à paraître. Pour assurer à l'eau une incorruptibilité parfaite, on garnit le fond d'un lit de charbon animal en gros grains et, par-dessus, on jette du sable lavé. Ce procédé, qui permet d'avoir des fleurs de jacinthe, de crocus, hors saison, ne me semble pas recommandable, car il perd les oignons et constitue un mode de culture contre nature. Cependant, et bien que les fleurs ainsi obtenues soient souvent moins belles que celles venues de la terre, il est certain qu'avec un peu de goût et dans des vases de formes harmonieuses (s'il en existe pour cet usage), on pourrait obtenir parfois quelques heureux effets de couleurs dans une jardinière bien garnie de mousse.

Fenêtres et balcons. — Sur les fenêtres ou sur les balcons, il y a des plantes qui, depuis mars jusqu'aux gelées, égaient et charment par leurs belles fleurs et leurs odeurs. Toutes ces plantes se sèment en mars, et deux mois plus tard elles sont en fleurs. Si l'on veut obtenir des fleurs plus belles qu'à l'ordinaire, il est nécessaire de les fumer avec un peu de crottin et d'ajouter à celui-ci des engrais pour fleurs, que vendent les maisons spéciales.

Les fleurs qui, à leurs belles couleurs, joignent l'attrait de l'odeur ou de l'utilité, et que, pour ce motif, nous recommandons, sont :

La capucine naine, le pois de senteur, l'hysope, le thym, le réséda, la nigelle.

A côté de celles-ci, mais ne pouvant servir que comme plantes d'agrément, doivent figurer : l'amarante, le pied-d'alouette, les giroflées, le thlaspi, le liseron, les œillets d'Inde, les belles de nuit, de jour, les tubéreuses.

Dès le mois d'Avril on met, sur la fenêtre, les fuschias, les géraniums, qu'on bouture à cette époque. On sème les orangers et les citronniers qui, par une taille habile et la greffe, donnent de fort jolis arbustes, dont les fleurs sont odorantes et calmantes.

Pour tailler ces deux arbustes, il faut couper les branches qui croissent dans le bas de l'arbre et ne laisser que les plus hautes, de telle façon que les plus basses prennent naissance à 25 ou 3o centimètres du sol. En trois ans, l'arbre est parfait.

Pour plus de détails, voir chapitre IX, aux divers noms de plantes.

Culture intensive. — Indiquons rapidement le moyen d'avoir de grosses ou grandes fleurs : il faut forcer la plante par une fumure abondante, des arrosages copieux et un peu d'engrais artificiel. En outre, si la plante supporte la taille et le pinçage (chrysanthème, pyrèthre, etc.), on ne laisse, au moment de la floraison, que quelques branches qui donnent alors des fleurs gigantesques. C'est ainsi, par cette culture forcée, qu'on obtient de belles fleurs, et non pas parce que c'est une variété à grandes fleurs.

CHAPITRE VIII

Le calendrier rustique

Il est bien entendu que les époques indiquées dans ce calendrier varient suivant la latitude, l'exposition de la terre, etc. Ainsi certaines contrées du midi ont des fleurs, fruits, légumes, deux mois avant la région du nord ; il faudra donc tenir compte de la différence de climat.

JANVIER

C'est le mois des neiges et des gelées, la terre trop dure est laissée tranquille ; cependant si les froids se calmaient pour faire place à une chaleur douce, vous pourriez défoncer la terre au moyen d'un bon labour.

Le moment est venu d'arranger les outils, de préparer des échalas, de fabriquer des paniers, des paillassons ; en un mot, tous ustensiles nécessaires pour bien soigner votre jardin.

On enterre les fumiers.

Potager. — On sème à l'abri : cresson alénois,

mâche, pourpier, chicorée; chicorée pour blanchir à la cave, choux d'York, choux-fleurs et céleris; tout ceci se fait dans le courant du mois; vers la fin, c'est: laitues, romaines, pour les faire pommer sous cloches; oignons, poireaux, carottes, fèves.

Sur couches, vous pouvez planter: melons, radis, pois ou haricots hâtifs.

De crainte de la gelée, abritez sous châssis le persil, le cerfeuil, l'oseille, l'estragon, qui deviennent rares.

Verger. — Il ne faut ni planter, ni tailler quand le froid est à craindre. Mais on peut ôter la mousse des arbres quand le temps est humide et les badigeonner ensuite avec de la chaux fraîchement éteinte pour détruire les insectes qui les rongent. Mettez à l'abri les arbres qui, redoutant l'hiver, ont été arrachés.

Ayez du sable fin de falaise qui vous servira: 1° à enterrer vos paquets de bois à bouture (on enfonce seulement un tiers de la longueur du bois); 2° à stratifier les amandes et graines de thuyas.

Viticulture. — Il est un peu tôt pour tailler les vignes; badigeonnez-les à la chaux lorsque le temps est tiède et qu'elles sont couvertes de mousse.

Jardin fleuriste. — Rien à faire.

Produits. — Comme légumes, on récolte en pleine terre: potirons, salsifis, scorsonères, crosnes du Japon, poireaux, choux de Bruxelles, laitues, mâches, raiponces, ciboules, chervis, persil, cerfeuil, oseille; et sur couches: radis, céleris-raves, cresson alénois, pourpier. Il vient également en fruits et sur couches des fraises des quatre saisons.

Les fleurs cultivées en serre et qui produisent en janvier sont : roses de Noël, camélias, héliotrope d'hiver, primevères, tulipes, jacinthes, narcisses, laurier-thym et quelquefois violettes.

FÉVRIER

Potager. — On sème sur côtière ou entre sillons : pois, chicorée sauvage, oseille, panais, carottes, poireaux, oignons, choux, pimprenelle, persil, cerfeuil ; sur couches : radis, melons, choux-fleurs, laitue, romaine. Repiquez en pleine terre les salades que vous avez fait pommer sous cloches en janvier.

Préparez votre terrain pour recevoir les plantations d'asperges qui seront faites en mars.

Verger. — Taillez les arbres et arbustes fruitiers, conservez les branches abattues pour en faire des greffes et des boutures ; enterrez ces branches pour vous en servir en mars.

On peut, dès le commencement du mois, planter et semer de nouveaux arbres fruitiers.

Viticulture. — Taille de la vigne.

Jardin fleuriste. — On sème et plante la plupart des fleurs qui serviront, l'été, à l'ornement du jardin ; sur couches : amarantes ; en pleine terre : pensées, silènes, giroflées, œillets, églantiers et julienne. Le thym, le buis, la sauge, la lavande, l'hysope et les pâquerettes se plantent.

On commence aussi le bouturage des héliotropes et verveines.

Toutes ces fleurs seront arrangées avec goût

parmi les plates-bandes et sur les bords des massifs pour égayer plus tard les allées du jardin.

Produits. — Les crosnes du Japon continuent à donner et sont même meilleurs qu'en janvier; l'oseille et le persil, si on a eu soin de les abriter, la mâche, la raiponce viennent abondamment. On peut aussi récolter sur couches des laitues, des radis, et à la cave, de la laitue étiolée. Les fraises des quatre saisons produisent toujours.

Les fleurs, surtout dans les serres, deviennent plus nombreuses. Les pervenches, pâquerettes, violettes, perce-neige, anémones, primevères, crocus, safrans et hellébores, quoique en pleine terre, fleurissent déjà. Dans la serre : camélias, jasmins, pivoines, géraniums, héliotropes, verveines, cinéraires et toutes plantes bulbeuses poussent vigoureusement.

MARS

Avec Mars, ordinairement, la gelée disparaît pour faire place aux pluies et aux giboulées. Il faudra donc, autant que possible, garantir les arbres, légumes, fleurs et fruits; car la grêle gâte et fait souvent périr les plants. Parfois aussi le vent souffle et sèche les terrains; dans ce cas, arroser souvent pour tenir la terre humide, l'eau étant nécessaire aux plantes autant que la chaleur et la lumière.

Potager. — On sème en pleine terre: pois, salades (toutes les espèces), cerfeuil, persil, oseille, épinards, oignons, poireaux, pommes de terre, topinambours, choux, carottes, radis, crosnes; et sur couches : melons, concombres, potirons, courges, tomates, aubergines dont vous repiquez les plants de suite après la levée.

Si à l'automne vous avez fait un semis de laitues, romaines, choux-fleurs, et qu'ils vous aient fourni des plants, c'est le moment de les repiquer en pleine terre. Dans le terrain préparé en février, placez des griffes d'asperges.

Les artichauts, gardés à l'abri pendant les froids, sont découverts.

Tous les semis de février peuvent être continués.

Verger. — Achevez les tailles et les plantations d'arbres du mois précédent.

Dès que la sève des arbres fruitiers se met en mouvement et que les fleurs se montrent, vous pouvez pratiquer le greffage en fente, le bouturage et le marcottage, en ayant eu soin au préalable de bien façonner votre terre, c'est-à-dire mettre les engrais et faire les bêchages, binages, nettoyages, etc., nécessaires à telle ou telle plante.

Viticulture. — On termine la taille des vignes, on les greffe en fente et on les marcotte.

Jardin fleuriste. — Vous pouvez semer en pleine terre : balsamines, belles-de-nuit, belles-de-jour, œillets, reines-marguerites, zinnias, amarantes. Comme plantations, en pleine terre : anémones, boutons d'or, giroflées, thym, lavande ; et sur couches : dahlias et bégonias.

Les rosiers et autres arbustes demandent tous à être taillés.

Les arbustes à feuilles résistantes, les conifères

principalement, seront également mis en pleine terre, soit pour former une belle avenue, soit pour garnir un massif ou tout autre lieu du jardin.

Les plantes de serre sont en pleine floraison et demandent de fréquents arrosages ; mettre des paillassons aux vitres de la serre pour éviter les trop ardents rayons du soleil.

Produits. — Les légumes et salades poussent rapidement ; on peut récolter : pissenlits, chicorée sauvage, laitue, épinards, oseille, cerfeuil, persil ; et sur couches, presque tous les légumes fournissent déjà. Les fraises de toutes saisons continuent à être cueillies.

Il y a des quantités de fleurs : giroflées, primevères, pensées, jacinthes, tulipes, narcisses, oreilles d'ours, coucous, crocus, violettes, anémones et safrans.

AVRIL

Les plantes que vous avez élevées sous chassis ne doivent pas être rempotées immédiatement, mais habituées peu à peu à la température du dehors et au grand air, sinon vous courriez le risque de les voir périr.

Potager. — Dès ce mois, on peut semer toutes sortes de légumes et salades. Le soleil, devenant chaud, sèche plus vite les terrains ; il faudra donc bien arroser les plants pour empêcher ces derniers d'être grillés. Achevez les plants d'asperges.

Verger. — Terminez les greffages en fente commencés en mars et faites ceux à œil dormant.

On achève la taille des arbres fruitiers. Dès que les poiriers et pêchers bourgeonneront, pincez-les. Echenillez, détruisez les œufs des insectes nuisibles.

Viticulture. — Rien à faire.

Jardin fleuriste. — Toutes les fleurs peuvent être semées.

Le gazon des parterres grandit; fauchez et sarclez pour enlever les mauvaises herbes.

Produits. — On récolte en pleine terre tous genres de légumes et toutes sortes de fleurs. Seuls, les fruits n'ont pas encore donné, sauf pourtant la fraise des quatre saisons.

MAI

Dans ce mois, il y a ce que l'on appelle la lune rousse dont il faut beaucoup se méfier. Elle commence à fin avril pour se terminer en mai. Il sera prudent pendant ce temps de couvrir, tous les soirs où le ciel sera serein, les légumes précieux avec des paillassons.

Potager. — On plante en pleine terre: concombres, courges, cardons, tomates et aussi les plants de laitues, romaines, céleris provenant de semis antérieurs; et sur couches, des melons. On sème encore de nouvelles salades et des radis roses.

Tous les quinze jours, mettez en terre des haricots pour pouvoir en cueillir continuellement en vert.

Les pois, les fèves et les farineux de la même famille sortent de terre; avoir soin de pincer les fèves pour activer la maturité (le pincement doit être fait au-dessus des fleurs).

Verger. — Les greffes à œil poussant sont continuées et l'on peut déjà faire celles en écusson. Pincez, comme le mois précédent, les pêchers et poiriers ainsi que les autres arbres fruitiers qui ont déjà de longs bourgeons.

Viticulture. — La vigne, laissée de côté en avril, doit être soufrée; cela la préservera de l'oïdium.

Jardin fleuriste. — On arrache les plantes dont la floraison est finie et on les jette, à moins que ce ne soient des plantes vivaces; dans ce cas, on les garde pour les voir refleurir au printemps prochain. Toutes les fleurs de la serre peuvent être transportées au dehors.

Produits. — La pleine terre donne tous les légumes; les couches fournissent des melons. Les premières cerises paraissent, les fraises de toutes saisons continuent à produire.

Toutes les fleurs, notamment les roses, les lilas, les aubépines égayent les jardins et les buissons.

JUIN

Les cloches et châssis devenant inutiles, sont mis de côté pour resservir plus tard.

Potager. — On ne sème plus guère que des salades, de l'oseille, des épinards, des concombres, des carottes, des haricots et les derniers pois.

Il faut, par exemple, toujours avoir l'arrosoir en main, car la terre est desséchée par les chauds rayons du soleil.

Verger. — Biner, enlever les gourmands des arbres, continuer les pincements.

L 54

Les branches de la plupart des arbres poussent et étendent quelquefois leurs rameaux au loin; en ce cas, placer des échalas, des palissades pour les soutenir. D'autres fois, sous le poids des fruits, elles se courbent vers le sol; enlevez alors les fruits les plus mûrs pour empêcher les branches de se briser.

Pour éviter que les nombreux ennemis des pommes n'abîment votre récolte, enfermez, jusqu'à complète maturation, les fruits dans des sacs en crin.

Viticulture. — Plantez des échalas à côté de chaque pied de vigne; pincez cette dernière pour avancer la maturité et attachez-la ensuite aux échalas, mais sans trop serrer la ligature qui pourrait couper les sarments.

Les vignes d'espaliers s'épuisant assez facilement, il sera bon de les arroser de temps en temps avec de l'eau contenant des engrais en dissolution.

Jardin fleuriste. — On ne sème plus guère que des giroflées, des primevères ou des pâquerettes. Les lilas et autres arbustes à fleurs seront taillés.

Certaines plantes bulbeuses et tubéreuses ne produisant plus : jacinthes, tulipes, anémones, renoncules, seront arrachées et mises à l'ombre pour se ressuyer.

Les parterres de gazons seront fauchés, les avenues bien nettoyées, les mauvaises herbes enlevées; avec un bon arrosage tous les matins, vous aurez un jardin splendide.

Comme pour les arbres fruitiers, il faut mettre des tuteurs aux plantes qui en ont besoin.

Produits. — On a tous les légumes sauf l'épinard.

On cesse de cueillir les asperges vers le 24 du mois. Comme fruits vous recueillez : fraises, cerises, framboises, groseilles, pêches précoces.

Les fleurs abondent et principalement les lilas et les roses.

JUILLET

Potager. — Semences en pleine terre de panais et navets (qui seront arrachés en octobre pour en faire usage l'hiver), choux-fleurs, salsifis, radis noirs, oignons blancs, épinards, mâches, raiponces, graines de ciboule et de poireau. On butte le céleri.

Verger. — Les greffages en écusson et ceux à œil dormant peuvent être pratiqués dès à présent. Comme le mois dernier, on pose des tuteurs aux arbres qui le demandent.

Les pêchers commencent à produire (fruits encore verts cependant) ; avoir soin de les effeuiller pour laisser pénétrer la lumière jusqu'aux pêches qui mûriront ainsi plus vite et prendront de fort jolies couleurs. Il est bien entendu qu'il ne faut pas non plus arracher trop de feuillage, car alors le soleil cuirait les fruits et les gâterait.

Viticulture. — La vigne demande dès à présent d'être ciselée. Pour cela vous enlevez aux grappes les petits raisins, ce qui permettra aux autres de se développer plus à l'aise. Il sera même bon, si vos ceps sont trop chargés de grappes, de les éclaircir à l'aide de ciseaux bien émoussés. Enlevez les gourmands.

Jardin fleuriste — On sème, en pleine terre :

tulipes, anémones, cyclamens, primevères, œillets de poète ; et en serre : cinéraires, primevères de Chine. Les pensées peuvent se semer, indifféremment, sur couches ou en pleine terre. Les églantiers seront greffés en écusson, et les œillets de fleuriste marcottés.

Il ne faut pas non plus négliger l'arrosage, le fauchage des gazons, le nettoyage des allées ainsi que l'arrachage des mauvaises herbes.

Comme en juin, donner des tuteurs aux plantes qui le demandent.

Produits. — Tous les légumes et tous les fruits du mois précédent continuent à être récoltés, et en outre : abricots, figues, prunes, poires précoces. Certaines roses commencent à manquer, mais il y a des quantités d'autres fleurs.

AOUT

Il faut, pour n'importe quelle culture, arroser le jardin en entier deux fois par jour, matin et soir.

Potager. — On achève les semis du mois précédent, et en outre : laitues, persil, cerfeuil, carottes, choux d'York (ces derniers vers le 25). Replantez également des bordures de fraisiers, d'oseille, de thym.

Verger. — Les arbres très vigoureux pourront encore supporter la taille. Continuez les greffages à œil dormant et commencez ceux par approche. Palissez les plants qui en ont besoin.

La plupart des arbres fournissent des fruits. Dès que l'un de ces fruits est arrivé à complète maturité, le détacher pour que les autres puissent mûrir à leur tour.

Viticulture. — Pincez et soufrez la vigne.

Jardin fleuriste. — Repiquez les fleurs semées au mois d'avril. Les plantes qui ne produisent déjà plus seront remplacées par : balsamines, œillets, bégonias, reines-marguerites, myosotis, silènes, giroflées, pensées. Continuez le greffage de l'églantier et faites le bouturage des géraniums.

Produits. — On a encore les fruits et légumes du mois précédent. Les fleurs deviennent moins nombreuses ; le phlox, certains rosiers, les pétunias, les dahlias et les verveines donnent encore.

SEPTEMBRE

Potager. — On sème, en pleine terre : mâches, cerfeuil, épinards, radis, panais, carottes (ce dernier légume craint les faux dégels de l'hiver) et toutes plantes que l'on sait pouvoir être consommées avant les grands froids ou repiquées sur couches ; et sous châssis des laitues. Les oignons seront arrachés et rentrés.

Entre sillons, vous pourrez planter du céleri et des cardons qui pousseront au printemps.

Verger. — Terminez les dernières greffes.

Si vous avez une serre, déplantez vos fraisiers de pleine terre pour les mettre en pots que vous transporterez à l'intérieur de la serre.

Les pêchers et pruniers se sèment en septembre.

Viticulture. — Dès les premiers jours du mois, enveloppez les grappes de raisins pour les garantir des oiseaux et des guêpes. Otez les feuilles qui interceptent les rayons du soleil et empêchent ainsi les fruits de mûrir.

Jardin fleuriste. — On sème encore les anémones et les renoncules en ayant soin de les mettre à l'abri du froid.

Si vous avez une serre, c'est là leur place; c'est aussi celle de l'héliotrope, que vous bouturez auparavant.

Les fleurs bulbeuses : narcisses, crocus, tulipes, jacinthes sont mises en pots que l'on enterre à l'abri. Elles seront rentrées aux froids dans la serre. On rempotera également les boutures de géranium faites le mois précédent.

Fumez les chrysanthèmes au moyen d'un engrais liquide quelconque. Ceci fait, taillez un petit morceau de bois que vous fixez en terre, et auquel vous attachez la plante.

Le jardin commence à se couvrir de feuilles mortes que le vent d'automne fait tomber; il faudra donc, tous les jours, le balayer et le ratisser soigneusement.

Produits. — Il y a de tous les légumes et de tous les fruits (abricots exceptés); on voit, comme fleurs : cinéraires, asters, pétunias, roses remontantes, giroflées, balsamines, reines-marguerites et œillets d'Inde.

OCTOBRE.

Potager. — On sème : laitues, mâches, épinards.

Ce mois amenant avec lui les gelées blanches, il

faut garantir vos légumes. Les chicorées frisées, les scaroles seront mises sous châssis en ayant la précaution de les ficeler auparavant ; les panais, carottes, navets seront arrachés et conservés à la cave, pour votre usage.

Également sous châssis, vous enfermerez les pots dans lesquels vous aurez placé des œilletons d'artichauts.

Comme repiquage, il n'y a guère que les choux et oignons blancs provenant des semis d'août. Vous pouvez aussi planter sur couches des pissenlits et de la chicorée sauvage.

Verger. — Dès les premiers jours d'octobre, faites subir un défonçage à la terre ; mouillez-la légèrement de façon à avoir un terrain humide et bien meuble dans lequel vous planterez les arbres fruitiers qui vous plairont.

Viticulture. — La vendange se faisant, au plus tard, dans la première semaine d'octobre, on n'a plus à s'occuper de la vigne.

Jardin fleuriste. — Arrachez les fleurs mortes et remplacez-les par : œillets de poète, scabieuses, chrysanthèmes, giroflées, pensées, silènes. Semez l'immortelle qui ne craint pas la gelée.

Ces fleurs sont les seules qui résistent à la température extérieure ; les autres seront arrachées ou rentrées dans la serre.

Les feuilles tombent plus abondamment encore qu'en septembre et donnent aux massifs et parterres un air triste ; pour éviter cette vue, nettoyez soigneusement vos allées, ratissez-les, balayez les feuilles tombées que vous entasserez dans un coin abrité contre la pluie et les vents; fauchez une dernière fois le gazon. Les feuilles mortes seront utilisées pour garantir les plantes fragiles.

La serre, à présent, demande beaucoup de soins. Commencez par la chauffer, puis enlevez aux plantes les feuilles qui jaunissent.

Tous les soirs, vous placerez des paillassons sur le vitrage de la serre ainsi que sur les châssis contenant des plantes frêles. Quand le temps est au beau, sortez-les afin que les fleurs profitent des rayons du soleil, qui activera leur fécondité.

De même, les châssis seront ouverts quand la chaleur sera suffisante, et que le froid ne pourra nuire aux plantes qui y sont enfermées.

Produits. — Presque tous les légumes produisent moins; les choux et choux-fleurs commencent à donner. Quant aux fruits, il y en a de toutes sortes (sauf abricots, groseilles et cerises). En fleurs, on trouve : roses Marie-Henriette, dahlias, quelques capucines, soucis doubles, zinnias, œnothères.

NOVEMBRE

Potager. — On rentre les derniers légumes qui craignent le froid pour en faire des couches; par la même raison, on butte les artichauts. Vous pouvez encore semer, sous châssis : du persil, de la salade; et planter : des choux cœur-de-bœuf, des laitues et des griffes d'asperges (ces deux dernières sur couches). Les cardons et choux pommés seront arrachés puis rentrés.

Mettez des paillassons sur les céleris pour les empêcher de geler.

Verger. — Semez et plantez des arbres fruitiers les jours où le temps est humide. Empaillez les figuiers pour qu'ils ne soient pas surpris par la gelée. La taille des poiriers et pommiers peut être faite dès ce mois.

Viticulture. — Rien à faire.

Jardin fleuriste. — Rentrez en serre les plantes bulbeuses que vous avez empotées en octobre.

Le jardin n'est plus agréable ; ôtez une dernière fois les feuilles mortes, qui vous serviront à garantir les fleurs délicates.

Le sable des allées sera ramassé et mis dans un coin pour être répandu à nouveau, l'an prochain, dans les avenues ; si vous ne preniez pas cette précaution, il serait gâté par la neige et la glace.

La serre sera bien chauffée et soignée.

Produits. — Il y a encore quelques légumes, mais plus aucun fruit. Comme fleurs, on a les dahlias, les chrysanthèmes et les zinnias.

DÉCEMBRE

Potager. — Sur couches, on sème : radis et carottes ; on plante de la laitue.

Les froids devenant plus excessifs, il faut couvrir les artichauts de feuilles ou de litière.

Verger. — Plus rien à tenter ; par la taille vous risqueriez de faire périr les arbres, pour peu que le froid survienne ; ne pas arracher ni planter pour la même raison.

Viticulture. — Il n'y a pas à s'en occuper.

Jardin fleuriste. — Arrachez vos chrysanthèmes pour les mettre sous châssis. Les serres seront garnies de paillassons et de couvertures en cas de gelée, et la température maintenue assez élevée pour n'avoir rien à craindre.

Produits. — Il n'y a plus que quelques légumes; quant aux fruits, ils sont rentrés depuis longtemps.

On ne voit aucune fleur dehors; celles de serre, seules, produisent.

CHAPITRE IX

Dictionnaire des plantes les plus cultivées

Nous avons placé dans l'ordre alphabétique les plantes les plus communément cultivées sous le climat de France, et, pour chacune, sommairement décrit le mode de culture qui convient le mieux, les propriétés de chaque espèce et les variétés les plus estimées.

Ce tableau pourra rendre de grands services aux débutants, qui y trouveront sans peine les renseignements dont ils auront besoin.

Plantes à fleurs ou à feuillage ornemental, légumes, arbres fruitiers, plantes médicinales, etc., notre catalogue comprend un peu de tout. Guidés par les indications données dans les chapitres précédents et par la nécessité de leur installation personnelle, nos lecteurs porteront, sans hésiter, leur choix sur les espèces qui leur sembleront les plus agréables ou les plus avantageuses.

Abréviations :

V. = Vivace.
1 *a*. = Annuel.
2 *a*. = Bisannuel
3 *a*. = Trisannuel
S. = Semis.
B. = Bouturage.
R. = Repiquage ou rempotage.
T. = Taille.
G. = Greffe.
F. = Fleurs.
N. G. = Notes générales
V. P. = Variétés principales.

A

Abricotier. V. — S. en septembre ou février, en terre siliceuse. — R. à l'automne suivant la levée des semis. — T. Voir au chapitre de la *Taille*. — G. en fente, en écusson ou par approche, sur prunier ou abricotier sauvage. — F. en mars-avril, roses ou blanches. — N. G. On fume tous les ans avec des fumiers très consommés. On peut mettre soit en espalier, soit en plein vent. Les fruits se récoltent de juin à septembre et ne se conservent que peu de temps. — V. P. : Alberge ; angoumois ; commun ; musch ; pêche ; royal.

Absinthe. V. — S. en mars-avril dans une terre bien

fumée et arrosée jusqu'à ce que le plant soit suffisamment fort. — R. à l'automne suivant, dans toutes terres à bonne exposition. — F. blanches verdâtres, en août. — N. G. On peut marcotter cette plante en couchant les tiges qui partent près du sol. On se sert des feuilles et des sommités fleuries en médecine comme vermifuge (à doses très faibles), tonique et apéritif. C'est une plante vénéneuse qui, en infusion aqueuse, est presque aussi dangereuse qu'en macération dans l'alcool ; elle est narcotique, excitante du système nerveux et, suivant Magnan et L. Gauthier, elle produit des tremblements, de la stupeur, de l'épilepsie et cause finalement la tuberculose.

Aconit. V. — S. en mars à exposition chaude et au soleil ; se multiplie aussi de séparation des caïeux. — F. de juin à août, fort belles. — N. G. Cette plante est très vénéneuse. — V. P. *Aconits à fleurs bleues, blanches ou panachées :* Napel ou char de Vénus ; paniculé (fl. en automne) ; du Japon ; rubicond. — *Aconits à fleurs jaunes :* tue-loup ; des Pyrénées.

Ail. V. — Se multiplie de la même manière que les oignons qui ne peuvent se semer, par la séparation des caïeux. — R. On repique ces caïeux dans une terre substantielle, quoique non fumée, en octobre ou en mars. — N. G. On utilise les bulbes à cause de leur saveur brûlante. Sa culture n'exige aucun soin : il suffit, en juin, de marcher sur les feuilles pour faire grossir les oignons, et, en juillet-août, quand les tiges sont fanées, on arrache les aulx qu'on met au soleil pendant deux jours. Il n'y a plus qu'à les suspendre au sec, au grenier par exemple. — V. P. : Ail d'Espagne ou Rocambole ; ail commun (blanc ou rose).

Akébia. V. — Bouture, marcotte ou éclats faits en place, dans terre sèche et bien exposée. — F. rouges lie de vin, depuis mai. — N. G. Plante grimpante, sert à garnir les murs, craint l'humidité.

Alisier. V. — Voir *Cormier*.

Aloès. V. — B. par œilletons en mars-avril, dans une bonne terre franche. — N. G. Ces plantes sont plus étranges que belles ; les aiguillons qui les bordent les rendent dangereuses à manier. On les rentre à l'automne comme les géraniums et on les rempote au printemps, en augmentant la grandeur du pot qui les contient. — V. P. : Aloès panaché ; cilié ; sucotrin ; agave.

Althéa. V. — S. en avril-mai, en bonne terre bien fumée et arrosée quand le temps est sec. — B. en mars. — R. en place ou en pépinière de novembre à mars suivant, à bonne exposition. — G. des variétés curieuses sur l'athéa commun en avril. F. grandes de diverses couleurs, de juillet à octobre. — V. P. Par la culture, l'hybridation et les semis, on obtient des variétés fort jolies. — Les althéas n'ont pas encore été catalogués jusqu'à présent, et on ne peu que les classer en althéas à fleurs simples, demi-doubles, doubles, monochromes ou panachées.

Amandier. V. — S. 1° en février-mars des amandes qu'il faut auparavant stratifier, c'est-à-dire mettre dans du sable de falaise jusqu'à ce que l'amande germe et

que la coque s'entr'ouvre; 2° en octobre-novembre
sans les stratifier (ce semis se fait en pépinière, c'est-
à-dire en planches, en plaçant chaque amande à
0ᵐ 20 des autres). — R. en novembre ou mars suivant, dans terre peu profonde et à exposition un peu
abritée. — T. Se fait en rabattant les branches sur
cinq ou six yeux, en enlevant les gourmands au printemps et en pinçant les rameaux très chargés de
fruits. — G. en fente, en écusson et par approche
sur amandier de semis, sur prunier ou sur pêcher.—
F. en mars-avril, roses. — N. G. On doit choisir,
suivant les sols, la nature du porte-greffe : amandier
dans les terres calcaires, pêcher et prunier dans
presque tous les terrains, prunier dans les terres profondes et humides. — V. P.: Amandes amères;
amandes douces (les meilleures), se divisant en
amandes à coque dure, à coque tendre; amandes des
dames à coque demi-tendre; amandes-pêches (fruit
désagréable au goût, ressemblant à une pêche).

Amandier à fleurs doubles, cultivé pour sa fleur;
greffe sur amandier commun.

Amarante. ɪ *a.* — S. en avril en bonne terre bien
fumée.—R. quand les pieds sont assez forts, en bonne
terre et à bonne exposition, en juin. — F. ayant la
forme de crête de coq, depuis juin jusqu'à septembre.
—V. P.: Amarante sanguine, (fl. et feuilles rouges);
caudateuse; gigantesque; amarante crête-de-coq ordinaire (fleurs amarantes, jaunes, roses, rouges, violettes; amarante tricolore.

Amaryllis. V. — Multiplication par séparation
des caïeux en mai-juin. — F. très odorantes en au-

tomne ou au printemps selon les variétés. — N. G.
Cette plante aime une exposition chaude, du soleil;
il faut la couvrir l'hiver avec des feuilles. — V. P.:
Amaryllis belladona (fl. jaunes); de Saint-Jacques
(rouge cramoisi); à ruban (été, rouge panaché de
blanc); Artémise (blanc, bord vermillon); auréole
(rose, blanc et jaune); Clovis; Jeanne-d'Arc (blanc).

Ananas. V. — B. par œilletons qu'on plante dans
terre substantielle bien fumée et sous châssis, ou
mieux sur couche tiède en septembre. — R. en mars
sur couche chaude et sous châssis en plaçant chaque
pied à 0ᵐ 70 des autres.— F. bleues.— N. G. L'ananas
ne peut être cultivé dans nos pays que sur couches,
de façon à ce que sa température soit de + 25°; il
faut deux à trois ans pour obtenir des fruits.

Ancolie. V. — S. en avril dans tout terrain, ou
encore en automne; se ressème ensuite spontanément. — F. d'avril à septembre. — N. G. Cette
plante n'a rien de bien remarquable, ses fleurs sont
plutôt tristes; l'ancolie est vénéneuse. — V. P.: Ancolie double des jardins; bleue et blanche; jaune
d'or; rouge de Californie; Chrysantha; de Sibérie.

Anémone. V. — S. en pleine terre franche bien
fumée ou en pots en mars-avril, ou sur couches en
janvier. — R. en mars dans ce dernier cas, et en mai
dans le premier; arroser quand le temps est trop
sec. — F. de mai à juillet et même, pour certaines
variétés, jusqu'à septembre. — N. G. Cette plante
est vénéneuse, ses racines tuberculeuses (pattes) permettent de la multiplier par éclat de racines. L'hiver
on recouvre le pied avec de la litière pour l'empêcher

de geler. Pour obtenir de belles variétés, il faut prendre les grains des plus belles et des plus grandes fleurs de chaque pied et, au moyen d'un tamis, éliminer les plus petites. — V. P.: Anémone des bois; du Japon; des Alpes; à fleurs de narcisse; pulsatille (violette); soufrée (jaune d'or).

Angélique. 3 *a.* — S. en place dans un endroit à demi ensoleillé; terre franche bien fumée, bien labourée. On sème au mois de septembre après la récolte des graines. — F. blanches en ombelles, en juillet. — N. G. Cette plante exige de copieux arrosements. On la cultive pour ses graines et sa racine qui, macérées dans l'alcool, donnent des liqueurs de dessert; elles font partie du Raspail, du vespétro, de la chartreuse. Ses tiges, coupées dès la 2ᵉ année vers le mois de juin, se confisent avec du sucre. Toute la plante a des propriétés stimulantes, carminatives et stomachiques. — V. P.: Angélique commune; épineuse (non comestible, fl. roses à odeur de lilas).

Anis vert. 1 *a.* — S. en mars dans une bonne terre légère, pas trop fumée pour éviter les pucerons. — F. blanches, très odorantes, en juin. — N. G. Fruit oval composé de deux ou trois graines accolées. L'anis doit être exposé au soleil et bien arrosé dans les temps secs; ses graines, qu'il faut cueillir juste à leur maturité, sont carminatives, eupeptiques et servent à préparer des confiseries et des liqueurs.

Arabette. V. — S. en mars-avril. — R. ou B. par marcotte en juin dans toutes les terres non humides et siliceuses. — F. au printemps. — N. G. Cette plante, plus connue sous le nom de *corbeille d'ar-*

gent, convient pour faire des bordures; elle résiste aux gelées. — V. P. : Corbeille d'argent; arabette du Caucase; des Alpes; naine.

Araucaria. V. — S. L'araucaria ne vient de semis que dans les serres chaudes; c'est une plante d'appartement qu'on trouve chez tous les fleuristes. — T. Il ne se taille pas. — F. Il fleurit rarement et produit, dans ce cas, des espèces de pommes de pin comestibles. — N. G. Il exige une température supérieure à + 13° et ne doit être mis sur la fenêtre que lorsque la température est au-dessus de ce degré. On le cultive surtout pour son feuillage.

Arbousier. V. — S. en janvier. — R. de mars à juin. — F. blanches en mai. — N. G. Fruits ressemblant à ceux du fraisier. Cette plante craint les gelées et doit être cultivée en caisse, puis rentrée avant l'hiver.

Arbre de Judée. V. — S. en mars sur sillon et dans une bonne terre, plutôt siliceuse. — R. en automne (le plant est ainsi garanti des gelées pendant plusieurs années. — T. Ne doit jamais être taillé. — F. roses, odorantes, paraissant en mars-avril sur le vieux bois et sur le tronc. — N. G. Cet arbre a toujours une tige tordue et craint l'ombre.

Arénaire. V. — S. ou B. par marcotte en mars-avril; toutes terres. — R. en terre sableuse en mai. — F. très petites, blanches, en mai. — N. G. Sert à faire des bordures dans les lieux secs.

Aristoloche. — Voir *Clématite*.

Arnica. V. — S. en avril dans une terre sèche. — F. jaune d'or en juin-juillet. — N. G. Vient naturellement dans les montagnes sableuses, dans les Vosges et les Pyrénées; sert, dans la médecine populaire, comme remède contre les coups.

Arroche. 1 *a.* — S. toute l'année, sauf en juillet et août, dans des terres de bonne qualité, bien exposées. — N. G. Se mange comme l'oseille et les épinards, et avec les feuilles de ces plantes. L'arroche se sème d'elle-même et n'a pas besoin d'être renouvelée. — V. P. : Arroche à feuilles rouges ; à feuilles blondes.

Artichaut. V. — S. en mars (le semis donne des variétés défectueuses). — B. par éclats des vieux pieds ou œilletons en avril dans bonne terre bien fumée, bien labourée et très profonde; arrosages fréquents pour assurer la reprise des pieds. — N. G. La partie comestible de l'artichaut est la tête, et sous ce nom on entend les boutons floraux. La culture des artichauts n'est pas difficile, mais il faut, à la veille des froids, au mois d'octobre par exemple, butter les pieds en ramassant tout autour de la litière et en ayant soin de ne pas couvrir le cœur qui, sans cela, pourrirait. Dès que les gelées ne sont plus à craindre, on découvre. On peut aussi rentrer quelques pieds qu'on met à la cave, ce qui permet, s'il y a de trop fortes gelées, d'en conserver quelques-uns. Les plus vieux peuvent se blanchir et se manger comme les cardons.

Arum. V. — Se multiplie de tubercules au printemps. — F. en cornet, blanches (mai-juin). — N. G. Plante d'appartement, gèle assez facilement, aime l'eau.

Asclépiade. V. — S. en mai. — R. en automne dans une terre ordinaire, exposée au soleil. — F. en ombelles, rouges et à odeur de vanille, en juillet. — — V. P.: Asclépiade de Syrie; tubéreuse; carnée.

Asperge. V. — S. en automne ou en mars, dans une terre sableuse et à l'ombre. — R. deux ans après, au mois d'avril, dans toute terre en ayant soin d'entourer la griffe de sable de falaise. — N. G. La terre qui convient le mieux aux asperges est une terre un peu siliceuse à laquelle on ajoute du fumier bien consommé ou des débris de ville. Les griffes sont plantées à 0ᵐ8o l'une de l'autre. On sarcle à la houe quand le temps est sec et qu'il y a trop d'herbe. Après trois ans de mise en place on peut commencer à couper les jeunes pousses, mais on cesse après quinze jours ou trois semaines. Les années suivantes, on peut récolter jusqu'à la Saint-Jean. Tous les deux ans on doit fumer les champs. Pour obtenir de belles asperges bien blanches et semblables à celles qui se vendent dans les marchés, il y a un travail nécessaire : au mois de mars et après la fumure du champ, on butte les asperges, c'est-à-dire qu'on relève la terre de façon à avoir une butte de 4o c. de hauteur. L'asperge n'aime pas l'humidité et ne doit pas être arrosée. Pour cueillir la jeune pousse, on se sert d'une gouge qu'on glisse le long de la tige et qui sépare la pousse de la griffe.

Asphodèle. V. — S. en mars dans un terrain peu fumé et exposé au midi. — F. jaunes en épi (mai). — V. P.: Asphodèle blanc; jaune (ou bâton de Jacob); rameux (bâton blanc).

Aspidistra. V. — N. G. Plante d'appartement se multipliant par éclats ; se trouve chez tous les fleuristes. Les feuilles, d'un vert foncé, font cultiver cette plante qui redoute plus que toute autre le froid. Terre de bruyère.

Aster. V. — S. en mars-avril, dans tout terrain. — B. par éclats de racines en août. — F. de mai à septembre, suivant variétés. — N. G. Cette plante, dont les fleurs sont très ornementales, épuise rapidement les terres et doit, par conséquent, être fumée fréquemment : tous les deux ans, par exemple. — V. P. : Aster des Alpes ; agréable ; ptarmicoïde (naine, fleurs blanches) ; du Cap.

Aubépine. V. — S. en mars. — R. à l'automne, en toutes terres. — F. blanches au printemps. — N. G. Cette plante sert à faire des haies dont les fleurs sont bien connues sous le nom de « Mai ».

Aubergine. r a. — S. sur couches en février, ou en place, dans un trou plein de fumier consommé, au commencement d'avril. — N. G. Cette plante est cultivée pour ses fruits qui sont comestibles en août-septembre ; il faut la biner et la sarcler de temps en temps et lui donner de fréquents arrosages. — V. P. : Violette longue (la meilleure) ; violette naine ; violette ronde ; noire de Pékin ; blanche de Chine.

Aucuba. V. — B. au printemps ou couchage en terre légère, à mi-ombre. — F. brunes très laides, en avril. — N. G. Cette plante est cultivée pour son feuillage d'un vert brillant ; elle craint la gelée.

Azalée. V. — B. sous cloche, en mars. — R. aussitôt après la floraison terminée en ayant soin d'augmenter, à chaque rempotage, la grandeur du pot. — T. pour lui donner une belle forme. — F. de février à juillet. — N. G. La culture de l'azalée est assez difficile; il ne lui faut que de la terre de bruyère de bonne qualité, sans quoi il dépérit. Il craint l'humidité, et la sécheresse lui est mortelle; pendant les grandes chaleurs ne pas le mettre au soleil. On doit arroser les feuilles chaque soir, en ayant soin de ne pas trop mouiller le pied. — V. P.: *(a)* Azalées à feuilles caduques qui sont : azalée à fleurs nues; couleur de souci; Pontique.— *(b)* Azalées de serre, à feuilles persistantes, qui sont : azalée Ponceau; de l'Inde. (Presque toutes les variétés d'azalée d'Inde résistent bien au froid.)

B

Balsamine. i *a.* — S. en avril, dans terre ordinaire. — R. en mai. — F. rouges, blanches, violettes ou panachées, de juillet à septembre. — N. G. Cette fleur se cultive bien en pot sur fenêtre et balcon. Les fruits s'ouvrent à la maturité, en lançant au loin les graines, d'où son nom d' « Impatiente ». — V. P. : Balsamine double; double naine; camélia.

Basilic. V. — S. en mars-avril, dans une bonne terre exposée au midi. — B. par séparation de touffe comme le thym. — F. petites, odorantes, en été. — N. G. Le basilic peut remplacer le thym et la marjolaine comme aromate; il convient bien sur les fenêtres, à cause de sa petite taille. — V. P. : Basilic vert; vert nain; violet fin; violet nain; frisé; en arbre.

Bégonia. V. ou 3 *a.* — S. dans bonne terre en mars-avril. — R. quand le plant est grand et fort. — F. tout l'été. — N. G. Le bégonia aime l'eau et peu de soleil. A l'automne, les tiges se fanent pour repousser au printemps suivant. — V. P. : Semper florens, à feuilles de ricin; Bolivien; de Frœbel (vivace).

Belle-de-jour *(Convolvulus).* 1 *a.* — S. en mars, en pleine terre; arrosages copieux. — F. en entonnoir, blanches, roses, bleues, violettes et panachées, depuis mai. — N. G. Les fleurs de cette plante se ferment la nuit. On peut avec deux pots de fleurs de convolvulus garnir toute une fenêtre.

Belle-de-nuit. V. — S. et F. comme la précédente. — N. G. Les fleurs s'ouvrent à 6 ou 7 heures du soir et se referment avant 9 heures du matin.

Betterave. 2 *a.* — S. de mars à mai, en sillons ou à la volée, dans une bonne terre bien ameublée. — N. G. On doit sarcler, biner et éclaircir si cela devient nécessaire. On arrache les racines à la fin d'octobre et on les conserve à l'abri des gelées. Pour avoir de la graine, il faut planter une des plus belles racines au printemps de l'année suivante. — V. P. Comestibles ou sucrières : les diverses espèces rouges; blanches à sucre : Vilmorin, Fouquier d'Herouel, à collet rose.

Bidens. 1 *a.* — S. en mars, en bonne terre et à demeure. — B. par éclat en août. — F. tout l'été. —

V. P. : Bidens penché (lieux humides) ; hérissé (toutes terres).

Bignonia. V. — B. par éclats de racine en mars. — F. en entonnoir, rouges orangées, en mai-juin.— N. G. Cette plante grimpante convient pour garnir les murs. Elle ne craint pas la gelée ; il suffit de mettre un peu de litière au pied avant l'hiver. — V. P. : Bignonia grimpante à vrilles ; à fleurs pourpres.

Boule-de-neige. V.— B. en avril, dans terrain à la fois humide et ensoleillé. — T. Ne doit être faite que pour donner à la plante son aspect général. — F. en boules blanches, en mai.

Bourrache. 1 a. — S. depuis mars, dans toutes terres et surtout à l'exposition du midi ; quand on en a quelques pieds ils se sèment spontanément. — F. bleues en étoiles, depuis mai. — N. G. Les fleurs servent à orner les salades ; les feuilles et toute la plante, séchées avec soin, sont employées comme sudorifiques, diurétiques et adoucissantes dans les maladies des bronches.

Bouton d'or, d'argent. — Voir *Renoncule*.

Bouvarde. V. — B. au printemps. — F. rouges écarlates en mai. — N. G. Cultivée pour ses fleurs ; cette plante meurt à l'automne pour repousser au printemps.

Bruyère. V. — B. par éclat de touffe en avril ou septembre, en terre de bruyère qu'il faut arroser jusqu'à reprise complète, terre riche en humus et en sable, peu de soleil. — F. en cloches, roses, rouges ou blanches, depuis mai-juin. — N. G. En les rentrant avant les gelées on a des fleurs tout l'hiver. —

V. P. : Callium; carnée; vagabonde; cendrée; arbo-
rescente; de Corse.

Buis. V. — S. en octobre-novembre, en bonne
terre. — B. par éclat ou marcotte du 15 mars au
15 avril.—R. en novembre suivant.—T. au printemps
pour lui donner sa forme ou l'obtenir nain (dans ce
cas, le rabattre tous les ans). — N. G. Préfère un
terrain humide et peu de soleil; son bois est employé
pour les objets faits au tour, la gravure sur bois.

Buisson ardent. V. — S. et R. comme l'aubépine
dont le buisson ardent est une variété. — F. roses en
mai. — N. G. Fruits en automne.

C

Cactus. V. — B. de mai à septembre dans terre
non fumée. — F. en juin-juillet, à condition de conserver la plante en serre chaude. — N. G. On peut
conserver les cactus dans une chambre dont la température ne soit jamais inférieure à 0°. Leurs feuilles
sont des masses charnues qui n'ont rien de beau et
sont couvertes de fines épines dangereuses et pouvant
causer des panaris. — V. P. : Cactus serpentins;
monstrueux; péruviens à grandes fleurs.

Callirhoé. V. ou 1 a. — S. en place en avril; sous
châssis en octobre. — R. en avril si l'on a semé en
octobre. — F. en juin, mauves ou pourpres.—V. P.:
Callirhoé involucrée (V.); à tige et à f. violettes;
compacte naine (ces deux dernières 1 a).

Camélia. V. — B. ou marcotte au printemps. — R. en juin. — F. rouges, roses ou blanches de novembre à avril. — N. G. Cette plante ne vient bien que dans la serre; néanmoins tous les amateurs de fleurs peuvent avoir des camélias aussi beaux que les premiers horticulteurs. Pour cela on plante le camélia dans une bonne terre ordinaire (15 o/o de chaux, 15 o/o d'argile, 20 o/o de sable, 40 o/o de fumier très consommé, et 10 o/o de terre ferrugineuse). Cette terre est placée dans des caisses percées de nombreux trous et remplies dans le fond de tessons, de briques cassées, d'ardoises, etc. Les camélias sont tous les ans, ou au moins tous les deux ans, changés de caisse et la vieille est peinte avec de la peinture au coaltar. L'hiver on rentre le camélia en appartement. On doit arroser avec de l'eau additionnée de quelques pincées d'engrais et deux poignées de crottin de cheval. Il faut éviter les changements brusques de température et surtout une température inférieure à + 5° c.; néanmoins à — 2° le camélia ne souffre que fort peu; au-delà, il gèle. — V. P. : Camélia bijou de Florence (rouge); comte de Chambord (rouge vif); coupe de beauté (blanc); Docteur Boisduval (rose tendre); Duchesse Salviati (ponceau); Jubilé (carné); Melpomène (rouge velouté); M. d'Offoy (blanc ou rouge). Il y a ainsi 2,500 variétés, toutes aussi belles les unes que les autres.

Camomille. V. — S. dans tous terrains en février-mars. — F. ressemblant aux pâquerettes (cœur jaune, corolles blanches) en juillet. — N. G. Cette plante peut servir à faire des bordures à condition de les tondre fréquemment, mais on l'emploie surtout dans l'herboristerie; les fleurs séchées, très aromatiques, sont un remède populaire vermifuge, fébrifuge, carminatif et digestif. Trousseau l'a appelé le « quinquina de l'antiquité. »

Campanule. V. ou 2 *a.* — S. au printemps en pots. — R. en juin-juillet en pleine terre. — F. de toutes couleurs, en cloches, de juin à septembre. — N. G. Cette plante convient parfaitement pour orner les balcons, les massifs; elle exige une terre excellente et de copieux arrosages. — V. P. : Campanule à grosse fleur simple (blanche, rose, lilas, violette, bleue; 2 *a.*); barbue; Carpathe (V.); de la Chine; miroir de Vénus (2 *a.*); pyramidale (V.); de Sibérie (2 *a.*); à larges feuilles (V.); Thyrsoïde (V.); de Vidal (V.).

Canna. V. — S. en mars-avril dans bonne terre, et même sur couches. — R. en pot au mois de juin, et en place en avril-mai de l'année suivante. — T. après les premières gelées pour enlever les tiges. On repique alors les tubercules à la cave pour les rempoter en mai. — F. en épis, rougeâtres, en août-septembre. — N. G. Il faut conserver les tubercules dans une cave non humide. — V. P. : Nains à fleurs; nains à feuillage vert; à fleurs orangées; Reine Charlotte.

Caoutchouc. V. — N. G. Cette plante qui forme un joli arbuste à feuillage persistant, s'achète en pot chez les fleuristes; elle craint la gelée et la taille. Pour le reste, voir le chapitre VII : *Culture en Chambre.*

Câprier. V. — B. par marcotte. — F. de mai à

juillet qui, avant leur floraison, constituent les câpres. — N. G. Exposer en espalier au midi ; l'hiver, empailler et couvrir le pied. Terres pierreuses.

Capucine. V. — S. en avril-mai dans bonne terre à exposition chaude et le long d'un mur, d'une haie ou, pour la capucine naine, en bordure. — F. superbes, rouges, jaunes, orangées ou panachées, depuis juin jusqu'aux gelées. — N. G. La capucine est vivace, mais les plus faibles gelées la détruisent ; elle veut de l'eau en abondance et du soleil. Ses fleurs servent à orner les salades et ses graines se confisent comme les câpres. — V. P. : Grande grimpante ; hybride de Lobb ; Gunther (grimpante) ; naines diverses.

Cardon. 2 *a.* — S. en pleine terre en mai ; on prépare pour cela des planches bien fumées et on fait des petits trous tous les 80 centimètres, dans lesquels on jette 2 graines et un peu de terre par-dessus. — N. G. Lorsque les pieds sont forts, on les fait blanchir ; pour cela on les empaille complètement et on attache le tout, les cardons et la paille, avec de l'osier. Au bout d'une vingtaine de jours, le cardon peut être utilisé. Tant que le cardon n'est pas lié, il faut l'arroser souvent. — V. P. : Cardon sans épines ; Puvis.

Carotte. 2 *a.* — S. en mars-avril à la volée ou en sillons, dans une terre bien préparée. — F. la deuxième année de mai en septembre. — N. G. La carotte exige une terre franche, très substantielle, peu de fumier et de l'eau modérément. On sarcle et on dépresse de temps en temps. On peut aussi en repiquer qui deviendront très grosses. Ce qu'il y a de plus à craindre pour les carottes dans leur jeune âge, est l'araignée ; mais on peut écarter cet insecte par des arrosages à l'eau de suie ou encore en semant de la suie sur le plant. — V. P. : Carotte longue ; ronde grelot ; rouge de Hollande ; demi-longue rouge ; de Nantes ; de Luc ; de Saint-Valéry.

Cassis. — Voir *Groseiller*.

Céleri. I *a.* — S. en avril dans terre bien fumée. Employer de préférence de la graine de deux ans, qui donne des pieds montant moins vite. — R. en juin en plaçant les pieds à 25 cent. les uns des autres. — N. G. Arrosages fréquents ; préserver les plantes de la gelée. — V. P. : Céleri plein, blanc ; Pascal (résiste au froid) ; à côte rose de Vilmorin ; plein blanc à grosse côte.

Céleri-rave. I *a.* — N. G. Culture du précédent. Espacer les pieds de 40 cent. et rentrer au mois de novembre. — V. P. : Céleri-rave de Paris amélioré ; d'Erfurth.

Centaurée. V. ou I *a.* — S. en mars-avril en pleine terre, de préférence à l'humidité. — F. en juin-septembre. — N. G. La petite centaurée sert comme fébrifuge et est un bon stomachique. — V. P. : Centaurée officinale ; Ambrette ; Barbeau (bleuet) ; des montagnes ; Phrygienne.

Cerfeuil. I *a.* — S. de mars à septembre dans toutes terres ; dans celles qui sont bien fumées, il devient superbe. — F. de mai à octobre. — N. G. Très rustique, il se reproduit naturellement dans les endroits où on en a déjà planté. Quand on le

veut, très beau, l'arroser pendant les temps secs. —
V. P.: Commun; frisé.

Cerisier. V. — S. en octobre ou en mars dans
bonne terre et en pépinière. — R. à l'automne suivant. — T. pour le diriger, la taille étant plus nuisible qu'utile pour cet arbre, et pendant la cueillette,
en juin-juillet, on casse toujours assez de branches
pour qu'il ne soit pas besoin d'en supprimer
d'autres. — G. de toutes manières, au mois d'août
suivant le repiquage. Greffer sur Sainte-Lucie (nains)
ou sur merisier (à tiges). — V. P. *1° Cerisiers à
fruits doux :* Merisier commun; variétés à fruits
noirs; guigniers blancs, bigarreautiers (chair plus
ferme que les deux précédents); Belle-de-Hoche-
mont, Cœur-de-Pigeon (bonnes lorsqu'elles sont
presque noires); hâtif; gros noir. — *2° Cerisiers
proprement dits à fruits acidulés :* d'Olivet (vieille
variété très productive); Belle-de-Choisy (goût de
la précédente, mais moins fertile); Montmorency à
courte queue (très productif; convient pour confire
dans l'eau-de-vie); Montmorency; Anglaise (très fertile et fruit doux). — *3° Cerisiers à fruits amers :*
Griotte; du Portugal; de Choix.

Champignon. — Les champignons des bois sont,
dit-on, les plus délicats; mais il y a tant de dangers
à en manger, il y a si peu de différence entre un
mauvais et un bon champignon qu'il faut préférer
celui de couches. La culture que nous indiquons
ici est la seule pratique pour les amateurs, puis-
qu'on peut la faire et même parfaitement la réussir dans une cave. On commence par préparer la

champignonnière en mettant du fumier frais de
cheval en gros tas carrés; au bout de huit jours, on
remue le fumier et on le retasse après; on recommence ainsi deux fois de suite à huit jours de distance la première fois, et à quatre jours la deuxième
fois. On fait alors, avec ce fumier, des tas de 1 mètre
de côté, haut de 50 centimètres. La largeur peut être
diminuée, mais non la hauteur. Ce fumier est bien
tassé avec la pelle et uni à l'aide du rateau; puis on
le laisse s'échauffer. Dès qu'il est à la température
voulue (ce dont on s'assure en plongeant dans le
fumier un tube de fer bouché contenant un thermo-
mètre qui doit donner au moins + 30° c.), on le
pique de blanc de champignon avec un plantoir;
puis on rebouche les trous ainsi faits avec du fumier. Au bout de huit jours, on jette sur le sommet
de la meule le mélange suivant:

    Sable fin.................... 1 kil.
    Vieux plâtras..............   500 gr.
    Salpêtre....................   25 à 100 gr.
    Phosphate de chaux,.....   20 gr.

qu'on étale sur tout le dessus; puis on retasse la
meule avec la main. Il ne faut pas plus de quinze
jours pour que la meule soit couverte de champignons. En plein air, on doit recouvrir la meule de
paille sèche et, s'il fait trop sec, arroser un peu. Il ne
faut jamais exposer en pleine lumière du soleil, c'est
là le grand point. Dans une cave, cette champignonnière dure six mois.

Chanvre. 1 *a.* — S. d'avril à mai en terre franche

fortement fumée et bien labourée. — F. d'août à
septembre. — N. G. Les tiges arrachées avant la
maturité servent à faire de la filasse; les graines à
faire de l'huile; les graines du chanvre du Piémont
causent des hallucinations et, par fermentation,
donnent le haschisch. — V. P.: Chanvre commun;
du Piémont; d'Anjou.

Chèvrefeuille. V. — B. par marcotte au printemps ou à l'automne. — R. à l'automne suivant. —
T. Elle doit être très légère. — F. très odorantes et
fort jolies de mai à juillet.— N. G. Cette plante convient pour garnir les murs, les tonnelles. — V. P.:
Chèvrefeuille commun; Etrusque (toujours fleuri);
toujours vert; Chamousier (c'est un arbre non grim-
pant).

Chicorée. 1 a. — Cette salade existe sous trois variétés différentes : *chicorée sauvage, chicorée frisée,
chicorée scarole.* La première se sème à toute
époque, dans tous les terrains et, de préférence, dans
une terre bien fumée. Sa saveur amère la fait généralement peu rechercher. L'hiver, il suffit de planter
en novembre, dans une cave et dans du sable fin, du
plant de mai dont on ne conserve que les plus petites
feuilles et les racines, pour avoir de la salade
blanche connue sous le nom de *barbe de capucin*
ou *endive;* arroser tous les huit jours, très légèrement, pour augmenter de beaucoup la récolte.

La chicorée frisée et *la scarole* se sèment en avril
en planches bien fumées; puis, lorsque le plant est
fort, on repique chaque pied à 20 centimètres des
autres. Il n'y a plus qu'à arroser, suivant le temps,

une ou deux fois par jour, matin et soir. Lorsque la salade est grosse, on la lie avec de la paille ou du jonc et elle ne tarde pas à blanchir.

La racine de chicorée séchée sert à faire un pseudo-café bien connu. Mais son emploi peut présenter des inconvénients ; on l'accuse de produire la chlorose chez les femmes qui en font usage.

Chou. 2 *a.* — S. de mars à juin en terre bien fumée. — R. un mois après dans un bon sol ; arrosage fréquent et fumure copieuse. — F. en juin de l'année suivante. — N. G. Lorsque la tête devient très grosse et blanche, on peut récolter. — V. P. : Hâtif d'Etampes ; d'Yorck ; gros cœur de bœuf ; pain de sucre ; quintal ; de Milan ; rouge.

Chou de Bruxelles. 2 *a.* — S. en mars. — R. en mai. — N. G. Cueillette de novembre à mai. Fumure abondante.

Chou-fleur. 2 *a.* — S. en septembre en pleine terre bien fumée. — R. sous cloche 20 jours après. — N. G. Couvrir pendant les gelées. On récolte en juin. Un plant fait en juin produit en octobre. Il faut arroser souvent et même avec des eaux ménagères ; de l'urine déjà décomposée convient bien de temps en temps.

Chrysanthème. V. — S. en pot en avril. — B. par marcotte ou B. simple en septembre. — R. en place en mai-juin. — T. est inutile et dangereuse : elle fait périr les plantes qu'on considère alors comme annuelles alors qu'elles sont vivaces ; c'est comme si l'on considérait le poirier comme annuel parce qu'on le tuerait dès sa première année d'existence. La taille permet pourtant d'avoir, par bouture, des fleurs énormes. — F. de toutes couleurs et de toutes formes depuis septembre. — N. G. La chrysanthème s'accommode mal de la culture en pot, il lui faut de l'air et du terrain, de l'eau modérément, des engrais. La gelée flétrit les tiges qui repartent au printemps. — V. P. Il y a 1.000 espèces, dont les plus belles (1) sont : 1° *Fleurs blanches :* Sœur Mélanie (P.), Ampère (J.), Galbert (J.), Mme Mercier (J.), Chandon (C.), Rey (R.). — 2° *Fleurs roses :* Cedo Nulli (P.), Souvenir de Verrière (J.), Euréka (C.), Favori (R.). — 3° *Fleurs rouges :* Brünner (J.), Jules Toussaint (R.). — 4° *Fleurs violettes :* Salomon (P.), Bernard (J.), Wales (C.), Vitron (R.). — 5° *Fleurs jaunes :* Marguerite (P.), Gloriosum (J.), Sulfurium (C.), Mars, Lincoln (P.), Vilmorin (R.). — Il y en a des panachées, des brunes, des abricotées, des cuivrées, des lilas.

Ciboule. V. — N. G. Même culture que l'ail. Les bulbes se mangent comme assaisonnement de la salade.

Ciboulette, Civette ou Appétit. V. — N. G. Se multiplie par éclats de racines en mars-avril ou en septembre. Les feuilles servent à donner du goût à la salade et à divers mets. On en fait des bordures qu'il faut arroser fréquemment.

Cinéraire. 3 *a.* — S. en mars-avril dans toutes

---

(1) On divise les chrysanthèmes en : Pompons (P.), Japonais (J.), Chinois (C.) et Rayonnants (R.).

terres ou en pot. — R. un mois plus tard; arrosage quand la terre devient sèche. — F. en automne. — V. P. : Hybride à grande fleur (blanche, rouge, rose, lilas, bleue); hybride naine; maritime (vivace).

Citronnier. — Voir *Oranger*.

Citrouille. — Voir *Courge*.

Clématite. V. — S. en mars-avril ou en octobre en terre franche, à exposition chaude. — B. par marcotte qu'on sépare à l'automne de la deuxième année. — R. à l'automne. — F. odorantes de juin à septembre. — N. G. Convient pour garnir les murs, les tonnelles. — V. P. : Alpine (fleurs bleues), viorne (fleurs rouges), odorante (fleurs blanches; la plus grimpante).

Cognassier. V. — S. en décembre sur couche. — B. par marcotte ou éclat de pied en novembre. — R. en avril. — T. Lorsqu'on le cultive pour avoir ses fruits, il faut le tailler en avril jusqu'à ce qu'il soit à tige, et le soutenir, car il se courbe très facilement. — N. G. Le cognassier sert surtout pour gréffer le poirier. — V. P. : Cognassier de la Chine; du Portugal.

Colza. 1 a. — S. en juin-juillet en champ et à la volée très clair. — R. six semaines après. — F. en juin suivant. — N. G. Les graines paraissent en même temps que les fleurs. Le colza peut être utilisé comme fourrage, mais on le cultive surtout à cause de ses graines oléagineuses.

Concombre, Cornichon. 1 a. — S. en avril-mai. Pour cela, on met un tas de fumier dans un

trou et on y jette les graines ; arroser et sarcler aussi
souvent que cela est nécessaire. — T. Lorsqu'on
cultive pour les concombres, tailler les branches de
façon à ce que les fruits deviennent plus gros,
lorsque ceux-ci sont bien formés; cette taille n'est
pas indispensable. — N. G. Cette plante est su-
jette au blanc ; on remédie à cette maladie en pul-
vérisant, avant la floraison, de la bouillie bordelaise très claire sur les feuilles, et en soufrant après
la floraison. — V. P. : *Pour cornichons :* vert court,
vert de Paris, fin de Meaux, gros vert hâtif. — *Pour
concombres :* jaune hâtif (souvent amer), vert long
anglais épineux, vert de Cardiff.

Corbeille d'argent, d'or. — Voir *Arabette.*

Coriandre. 1 *a.* — S. en avril dans bonne
terre franche à exposition chaude et aussi dru que
l'on veut. — F. blanches rosées en juillet-octobre.
— N. G. Cultivé pour les graines, rondes et grosses
comme des perles, qui sont très aromatiques et en-
trent dans presque toutes les liqueurs (Chartreuse).

Cormier ou **Cornouiller.** V. — S. en février après
stratification des graines dans du sable de falaise. —
B. par marcotte, en mars. — R. en place à l'automne
qui suit la levée du plant si ce dernier provient d'un
semis; si le plant provient d'une bouture on le fait
à l'automne qui suit le bouturage. — T. pour diriger
l'arbre. — G. sur poirier sauvage, sur épine, sur cormier, en avril ou en août. — F. en février-mars,
jaunes et en corymbes. — N. G. Cet arbre, qui vient
partout, surtout dans les endroits ombragés, donne
des fruits qui sont excellents blets. Les fruits servent

à faire des confitures et une sorte de prunelline. — V. P. : Cormier à fruit rouge ; à fruit jaune.

Cornichon. — Voir *Concombre*.

Cornouiller. — Voir *Cormier*.

Coucou. — Voir *Primevère*.

Coudrier. — Voir *Noisetier*.

Courge. i *a.* — S. en mars. Le semis se fait comme pour le concombre. On peut aussi semer sur couches. — R. en mai, seulement en cas de semis sur couches. — T. pour avoir de plus gros potirons ; on n'en laisse qu'un ou deux à chaque pied.— F. en juin-juillet. — N. G. La courge n'a pas besoin d'arrosage. Ses fruits sont cueillis lorsque le pédoncule (queue) se crevasse et devient à la fois jaune et dur comme du bois.— V. P. i° *Courge proprement dite* (fruit long) . blanche non coureuse, sucrière, à la moelle, prolifique, de l'Ohio, pleine de Naples. — 2° *Potiron* (fruit très gros et rond) : gros jaune, Giraumon, Turban, vert d'Espagne, de Corfou. — 3° *Patisson* (non coureuse, fruit petit et en forme de bonnet d'électeur, d'où l'un de ses noms) *ou artichaut de Jérusalem*.

Cresson de fontaine. V. — S. en mars-avril dans un terrain très humide. — B. toute l'année, de tiges mises dans un terrain très humide et ombreux ou dans les ruisseaux d'eau courante. — F. blanches assez vilaines, en juin. — N. G. Sert de salade ; se cultive bien dans les fossés, pièces d'eau, rivières peu profondes.

Cresson alénois. i *a.*— S. toute l'année en toutes terres, de préférence à l'ombre ; arrosages fréquents.

Sans avoir de jardin, on peut en cultiver chez soi de la manière suivante : mettez du sable fin avec un peu d'eau dans une assiette et semez-y votre cresson ; remplacez l'eau dès qu'elle est évaporée. — N. G. Est utilisée comme salade. — V. P. : Cresson alénois commun ; à feuilles larges ; doré ; frisé ; nain.

Crocus. V. — Se multiplie, comme tous les oignons, par séparation des caïeux, en octobre. — F. jaunes au printemps. — N. G. Bel oignon qui convient pour culture en pot et en carafe. — V. P. : Crocus napolitain (violet) ; doré (jaune) ; printanier (jaune rayé de blanc).

Croix de Jérusalem ou **Lychnis.** 3 *a.* — S. en avril dans toutes bonnes terres à exposition chaude, ou en pot. — F. rouges superbes, tout l'été. — N. G. Les feuilles blanches de cette plante sont très belles.

Crosne du Japon. V. — Ce légume se plante en avril dans une bonne terre, à distance de 25 centimètres. Quand le temps est trop sec, on arrose légèrement. On sarcle, on bine de temps en temps et on arrache à mesure des besoins, depuis octobre jusqu'à mars-avril.

Cumin. 2 *a.* ou V. — S. en avril-mai dans toutes terres à exposition chaude et abritée. — F. blanches en ombelles, en mai-juin suivant. — N. G. Les graines se récoltent à la maturité. Cette plante vient naturellement dans les prairies et moissons des Vosges ; on l'emploie en Alsace et dans le duché de Bade pour aromatiser tous les mets, le pain (qui en tire un goût désagréable). On s'en sert pour faire

le kummel; en Russie, on en introduit dans la
bière.

Cyclamen. V. — S. en serre ou sur couches en
décembre, ou encore en pot dans du fumier d'un an
en mars. — R. en mai dans le premier cas, en juin
dans le second. — T. Aucune. — F. rouges ou
blanches en octobre. — N. G. Feuilles très ornementales; craint la gelée; se cultive en pot et se rentre à
l'hiver; arrosages modérés. — V. P.: Cyclamen de
Perse à grande fleur; d'Europe; d'Afrique; à feuille
de lierre de Naples.

D, E

Dahlia. V. — S. en mars en pots, cinq ou six
graines dans chaque. — B. en mars. — R. quand les
pieds sont forts, d'avril à août; pour assurer la reprise,
couvrir d'une cloche. — G. sur tubercules de variétés
communes en mars. — F. roses en bouquet, de juin
à octobre. — N. G. On le retire de la pleine terre au
moment des premières gelées, et on le replante au
mois de mars; les tubercules sont mis en lieu sec et
tempéré. On peut encore couvrir les pieds de litière
et la maintenir à l'aide de briques. — V. P.: Double;
double nain; simple panaché; simple Jules Chrétien.

Daphné. V. — S. des graines aussitôt après la
maturité en pot, terre bien fumée. — R. un mois
après germination. — T. pour donner la forme voulue. — F. de décembre à mai. — N. G. Cultivé pour
son feuillage toujours vert, cette plante aime l'ombre

et l'humidité. — V. P. : Daphné Mézéréon ou bois-joli; Laureole; Cnéorum.

Diélytra. V. — S. en mars, terre franche, bonne exposition. — B. par éclats de racine, en mars. — R. dans tous terrains au printemps suivant. — F. roses et blanches, fort jolies, de mai à août. — V. P.: Diélytra remarquable; à belles fleurs.

Doucette. — Voir *Mâche.*

Dryade. V. — S. en mars-avril, en place sur rocaille. — B. par séparation de touffes en août-septembre. — F. blanches très jolies en juin. — N. G. Aime les terrains secs, en pente, l'ombre.

Échalote. ı *a.* ou V. — On plante, en février dans une terre non fumée et pas trop humide, des bulbes de cette plante qui se multiplie ainsi. On arrache au mois d'août, on laisse sécher au soleil et on conserve ensuite au sec.

Églantier. V. — S. en novembre dans une terre bien exposée et amendée avec du fumier consommé. — R. en novembre suivant, en place ou en pépinière. — T. en octobre, pour lui former une tige quand on veut s'en servir pour greffer des rosiers en arbre. — F. roses assez jolies, depuis mai. — N. G. Sert à écussonner le rosier : en août, à œil dormant; au printemps, à œil poussant.

Ellébore. — Voir *Hellébore.*

Endive. — Voir *Chicorée.*

Enothère. — Voir *Œnothère.*

Épinard. ı *a.* — S. toute l'année dans une terre bien fumée. On arrose souvent, et en été, on place dans un endroit ombragé. — N. G. Les feuilles servent à préparer des p'ats — V. P.: Epinard de Flandre; à feuilles d'oseille; lent à monter; de Viroflay; d'été; d'Angleterre.

Épine. — Voir *Aubépine*.

Épine-vinette. V. — S. en février-mars en pépinière, dans un sol bien préparé, à bonne exposition. — B. par marcotte et par éclat de novembre à février. — R. en place deux ans après le semis, à l'automne. — F. jaunes en avril. — N. G. Fruits rouges acides. L'épine-vinette sert surtout à faire des haies.

Escarole ou **Scarole.** — Voir *Chicorée*.

Estragon. V. — B. par éclats de racines ou marcotte en avril-mai; arrosages fréquents; pas trop de soleil. — N. G. Les feuilles servent à assaisonner les salades. On peut employer les feuilles de « Tagètes » qui ont le même goût et ont en outre de belles fleurs.

F

Fenouil. V. — S. en avril-mai, en toutes terres exposées au soleil. — T. Aucune. — F. jaunes en ombelles de juin à septembre. — N. G. Graine ridée et odorante, ayant une forme demi-ovale, qui s'emploie aux mêmes usages que l'anis vert. Les feuilles peuvent remplacer celles du persil. Les renflements charnus des tiges et les racines se mangent comme le céleri.

Fève. 1 a. — S. de février à mai, dans un terrain peu ensoleillé, par touffes de 4 à 5 graines espacées

de 25 à 35 cent. — F. blanches de juin à août. —
N. G. Il faut de nombreux arrosages, binages, sar-
clages ; ramasser la terre autour du pied lorsque la
plante commence à fleurir. Les graines, comestibles,
sont consommées en vert et en sec. — V. P. : Fève
des marais ; de Séville ; naine hâtive (pour châssis et
pour forcer).

Figuier. V. — B. par éclats de racines, en octobre,
dans une encoignure abritée des vents du Nord et de
l'Est. — T. On ne doit pas la pratiquer sur cet arbre ;
elle l'empêche de produire. — N. G. A l'automne,
avant les gelées, couvrir le bas de chaque tige avec
de la litière et empailler les principales. La culture
de cet arbre est très simple : il suffit de le sarcler
de temps en temps et de le fumer tous les 3 ans.
On récolte les fruits en juin et en octobre. Il en existe
une variété naine qui se cultive en pot et en appartement. — V. P. : Figue blanche de Paris ; rouge de
Bordeaux ; violette (la meilleure de toutes).

Fougère. V. — N. G. On arrache les pieds au
printemps dans les bois humides et l'on plante en
pot. Elle demande une terre très humide, pas de
soleil, pas de fumure, pas de taille.

Fraisier. V. — S. au printemps dans terre humide à bonne exposition. — B. des *stolons* (tiges
partant de chaque pied, que l'on doit supprimer si
l'on ne veut pas les replanter) en mars ou en août-
septembre dans une bonne terre bien exposée ; arrosage jusqu'à reprise complète. On les plante soit en
bordure, soit en planche, en les espaçant de 25 cent.
en chaque sens. — R. au mois de septembre suivant

le semis. — F. depuis avril. — N. G. Les fraisiers plantés en août produisent dès le printemps suivant. Pour obtenir des fraises plus grosses, on « paille » les pieds avec du fumier dont la paille n'est pas pourrie. Il faut arroser cette plante toutes les fois que le temps est au sec. Les plants de fraisiers doivent être renouvelés tous les 3 ou 4 ans. — V. P. : *Petites :* Fraises de tous les mois ou des quatre-saisons (produit toute l'année).—*Grosses:* Marguerite, Ricard, May Queen (1ʳᵉ saison) ; Victoria, Dʳ Morère (2ᵉ saison) ; La Châlonnaise, souvenir de Bossuet, belle Bordelaise, Czar, ananas (3ᵉ et 4ᵉ saison).

Framboisier. V. — S. ou B. par marcotte en février-mars. — T. Pour le faire fructifier on rabat la tête à 80 cent. ou 1 m. du sol en février-mars. — N. G. Le framboisier aime une terre légère, bien fumée et de l'ombre. — V. P. : Framboisier des Alpes ; des quatre-saisons ; à fruits blancs ; à fruits jaunes.

Fuchsia. V. — S. en pot et en serre en février. — B. en mars-avril dans une bonne terre franche et sous un verre. — R. à l'automne. — T. en mars pour éviter qu'il se dégarnisse du bas. — F. rouges, blanches, violettes, depuis mars. — N. G. Le rempoter tous les 3 ans. Il craint la gelée ; le rentrer en octobre, pour le sortir en mai suivant. L'arroser soigneusement en été.

Fusain. V. — S. en pépinière aussitôt que les graines sont mûres ; elles lèveront au printemps suivant. — B. par marcotte en mars-avril. — R. en novembre dans tous terrains, à toutes expositions, plutôt ombreuses. — F. en mai. — N. G. Fruits rouges en bonnet de prêtre. — V. P. : Fusain à feuillage vert ; panaché.

G

Garance. V. — B. ou plutôt marcotte par éclats de racines dans une terre riche, humide et bien exposée. — N. G. On arrache les racines tous les trois ans et on s'en sert comme substance tinctoriale et aussi comme médicament dans les maladies d'os. Les feuilles sont consommées comme fourrage par les bœufs.

Gazon. V. — Les gazons employés pour les pelouses sont nombreux ; mais ceux qu'il faut préférer sont le ray-grass et, dans les terrains secs, du ray-grass mêlé avec du brome des prés. On peut aussi se servir de graines de fétuque. On sème ces graines dans un terrain préparé à l'avance, soit à l'automne, soit en février. Lorsque les prés sont ombragés, se servir de graines de paturin. Il faut 100 kilogr. de graines à l'hectare. Il faut aussi les entretenir pour éviter qu'ils ne montent à graines ; il suffit pour cela de les tondre.

Genêt. V. — S. en pot en mars-avril. — R. en juin, en place dans un terrain sec et sableux ; arrosage jusqu'à reprise complète. — T. nulle. — F. jaune d'or en juin. — V. P. : Genêt de Sibérie ; de l'Etna ; commun ou à balais.

Genévrier. V. — S. de février à mai. — R. en place à l'automne ; dans toutes terres, même les plus mauvaises. — T. La taille le fait périr. — N. G. Bel arbre résineux toujours vert dont les baies sont très employées pour faire des boissons, des liqueurs. Le genévrier atteint 12 à 15 mètres de hauteur. — V. P. : Genévrier commun ; sabine ; à gros fruits ; de Chine.

Gentiane. V. — S. en avril en terre franche et dans un endroit ombreux, plutôt humide que sec. — F. jaune d'or en été. — N. G. Les racines, grosses comme le bras, sont récoltées dès la seconde année, mais plutôt la troisième ; elles sont employées comme apéritives, toniques, fébrifuges et légèrement vermifuges.

Géranium. V. — Plante très commune en France et venant dans les endroits stériles. On donne ce nom au *Pélargonium,* voir ce mot.

Giroflée. 1 *a* ou V. — S. en mars, en pot dans une terre bien fumée. — R. en mai-juin, à toute exposition, dans toutes terres. — T. Aucune. — F. de teintes diverses depuis avril. — N. G. Vient sans peine et sans soins. — V. P. : Quarantaine (aurore, blanche, brune, jaune, lilas, rose, rouge, violette) ; Quarantaine Kiris ; Victoria ; Parisienne ; Cocardeau ; Empereur.

Glaïeul. 3 *a* ou V. — S. au mois de mars en pot, bonne exposition, bonne terre. Se multiplie encore mieux de séparation de caïeux en mars. — R. en terre légère et à bonne exposition au printemps de l'année suivante. — F. de mai à septembre. — N. G. Convient pour les plates-bandes. Arro-

æz quand il fait trop sec. Retirez les oignons de
erre quand arrive l'hiver pour les conserver dans
un lieu sec. — V. P. : Glaïeul de Natal ; de Gand ;
Cardinal.

Gloxinia. V. — S. en mars-avril, en pot dans une
bonne terre franche. Mettre trois ou quatre graines
au milieu du pot. On laisse subsister le plus beau
des plants qui forme une superbe plante d'appartement. — B. par les rhizomes (racines) qu'on sépare au printemps. — R. en mai, soit en pleine
terre, soit en caisse. — F. violettes, rouges ou panachées de blanc, de juillet à octobre. — N. G. Craint
la gelée ; le rentrer pendant l'hiver ou couvrir les racines, comme le dahlia. — V. P. : Gloxinia à feuilles
épaisses ; progrès ; à feuilles tigrées.

Glycine. V. — B. par marcotte qu'on couche au
mois de mai. — R. en pleine terre et à toutes expositions en novembre. — T. pour l'empêcher de tout
envahir. — F. violettes superbes, en mai. — N. G.
Convient pour garnir les murs, les tonnelles.

Grenadier. V. — S. en avril en pot contenant
du terreau consommé ; mettre le pot à bonne exposition. — R. en novembre, dans une encoignure de
mur ; couvrir de litière. — T. pour le palisser le
long de ce mur. — F. rouges au printemps. —
N. G. Il faut lui donner les mêmes soins qu'au
figuier. Ses fruits mûrissent rarement dans le centre
de la France.

Groseiller. V. — B. en février, ou marcotte en
mai. — R. en novembre dans toutes terres exposées
au soleil. — T. en février-mars (rabattre le haut

comme pour le framboisier). — N. G. La culture du groseiller est facile : sarcler deux fois par an, ramasser la terre autour du pied au printemps, fumer tous les trois ans. Récolte de juin à septembre. — V. P. : Groseilles rouges communes ; rouges de Hollande (plus grosses, plus tardives) ; blanches de Hollande (les plus douces) ; cassis ou groseiller noir (très doux et parfumé ; sert à faire des gelées, ratafias) ; groseiller épineux ou à maquereaux.

Gueule-de-loup ou de lion. — Voir *Muflier*.

Guimauve. V. — S. en planches bien fumées en mars-avril. — R. en octobre dans bonne terre franche, plutôt humide et à l'ombre. — F. violettes ou mauves en juillet-août. — N. G. Les racines, arrachées en février, servent à préparer des tisanes, des pâtes contre le rhume, des infusions adoucissantes contre les irritations de peau.

H

Haricot. 1 *a.* — S. par touffe de 4 à 6 graines, du 25 avril au 1ᵉʳ mai, pour récolter en sec ; tous les mois, jusqu'à septembre, pour récolter en vert. Demande une bonne terre bien fumée.

Haricots nains. — Flageolet blanc (très agréable) ; haricot jaune, (soufré ; gonfle et devient violacé à la cuisson) ; noir de Belgique (excellent pour récolter en vert) ; rouge d'Orléans (se mange sec à l'étuvée) ; flageolet d'Etampes (très hâtif ; convient pour les semis en vert de fin de saison) ; haricot gris (hâtif ; même emploi que le précédent).

Haricots à rames. — Soissons (le plus gros de tous ; se mange en sec) ; Coco (se mange en sec, en vert ou en panaché).

Haricot d'Espagne. — Ces haricots d'ornement sont des plantes grimpantes, à fleurs très grosses et très colorées ; tous les terrains sont bons. Le haricot d'Espagne demande du soleil et de l'eau, ainsi qu'une tonnelle, un mur, etc., auquel il puisse s'attacher. Le semis (par 4 ou 5 graines) se fait du 25 avril au 15 août.

Héliotrope. V. — B. en mars-mai, en pot et sous cloche. — R. tous les trois ans dans du terreau, en mars. — T. au printemps pour lui donner une forme plus élégante. — F. bleues-violettes de juin à octobre. — N. G. Cette plante est assez difficile pour la terre, exige du soleil, de l'air. On la conserve généralement en serre pour la mettre en pleine terre au 15 mai. L'héliotrope peut très bien se cultiver dans les appartements, mais il lui faut de la lumière et une chaleur modérée (au moins 5° c.).

Hellébore noir. *(Rose de Noël.)* V. — S. en mars-avril. — B. au printemps. — R. en mai-juin dans tous les terrains. Arrosage jusqu'à reprise complète ; choisir un endroit exposé au soleil. — F. blanches-rosées de décembre à février, à partir de la deuxième année de plantation.

Hémérocale. *(Lis jaune.)* V. — Multiplication par éclats des touffes dépressées tous les trois ans. Tous terrains, sauf les siliceux très secs. — F.

jaunes en juin. — N. G. Plante bulbeuse fort jolie, faisant un bel effet sur les massifs.

Hortensia. V. — B. en mars-avril, en pot et sous cloche. — R. en juin dans une bonne terre, et à l'ombre. — F. de septembre à novembre. — N. G. Couvrir avec des feuilles ou de la paille quand le froid commence. Cette plante convient bien pour appartement et balcon.

Houblon. V. — S. au printemps en pépinière, dans une terre bien fumée. — B. par éclat de racine ou marcotte en automne. — R. à l'automne. — N. G. Cette plante étant dioïque (c'est-à-dire que la plante femelle, seule, est fructifiante), il ne faut planter qu'un pied mâle pour quatre ou cinq femelles. Les cônes de houblon sont employés dans la fabrication de la bière. En médecine, le houblon est employé comme digestif, vermifuge, anaphrodisiaque, antiscorbutique, eupeptique; à haute dose, c'est un narcotique. Cette plante sert à garnir les tonnelles; il est préférable, quand on l'utilise ainsi, de ne planter que des pieds mâles, à moins que l'on ne tienne à la reproduction.

Houx. V. — S. des graines aussitôt leur maturité dans une terre légère, recouverte d'un peu de litière. — R. dès que le plant est assez fort; la mise en place se fait à l'automne suivant. — F. jaunes, assez laides, en octobre. — N. G. Cet arbre à feuilles persistantes vient bien dans tous les terrains; les graines sont d'un rouge vif et, au moment de Noël, font bel effet dans les jardins. C'est pourquoi les Anglais l'utilisent dans leur Christmas. Nous recom-

mandons cet arbuste pour l'ornement des massifs.
— V. P.: Houx commun; à feuilles panachées; à
baie noire; à baie jaune; à baie blanche.

Hysope. V. — S. en pot, en avril. — R. en mai
dans toutes terres, soit en bordure, soit en touffe iso-
lée. — F. odorantes, ressemblant à celles du thym,
au mois de juin. — N. G. On s'en sert pour aromatiser certains plats; dans certaines liqueurs diges-
tives; en tisane contre les rhumes, les digestions
difficiles, et aussi comme vermifuge.

I, J

If. V. — S. de graines en mars, dans une bonne
terre. — R. deux ans après, à l'automne, dans toutes
terres. — N. G. Fruits en baies rouges, en octobre-
novembre. L'If s'emploie aux mêmes usages que le
houx, mais gèle plus facilement.

Immortelle. 1 a. — S. en pot dans une bonne
terre, en mars. — R. en mai, à bonne exposition. —
F. de juin à l'hiver. — N. G. Cette plante est surtout cultivée pour faire des bouquets qui durent
fort longtemps, de là son nom. — V. P.: Annuelle
(blanche, rose, rouge, violette); à bractées (mêmes
couleurs, et de plus : jaune, brune et cuivrée).

Iris. V. — B. par éclats de rhizomes (racines) dans
toutes terres et même aux endroits les plus abrités;
on arrose jusqu'à ce que la plante soit reprise. En

automne ou au printemps, cet arrosage est inutile.
— F. de diverses couleurs en mai-juin. — N. G.
Cette plante, très facile à cultiver, préfère pourtant
les terres franches et humides. La plante sert à orner les massifs ; ses racines sont utilisées dans la
parfumerie et dans les lessives. — V. P. : Iris de Florence (fleurs blanches) ; de Suse (fleurs violettes) ;
panaché ; nain ; d'Angleterre ; de Sibérie ; des marais
(fleurs jaunes).

Jacinthe. V. — S. en pot dans une terre peu fumée, soit au printemps, soit de préférence en septembre. — B. par séparation des caïeux, en octobre.
— R. au printemps, lorsque les oignons sont assez
forts. — F. au printemps, bleues, roses ou blanches,
simples ou doubles. — N. G. La jacinthe n'est pas
difficile sur le terrain ; néanmoins une terre légère,
sableuse et sèche lui convient bien ainsi qu'une exposition à demi-soleil. La trop grande humidité fait
pourrir les caïeux. On les cultive aussi comme
plantes d'appartements (voir à *Plantes d'appartements). — V. P. : Jacinthe de Hollande (ordinaire) ;
du Cap (atteint 1 mètre de hauteur ; fleurs blanches).

Jasmin. V. — B., marcotté ou éclats de racine
d'octobre à mars. — T. pour le diriger, le palisser,
et ensuite pour l'empêcher de se dégarnir du bas. —
F. blanches en croix à odeur suave, de juin à septembre. — N. G. Cette plante grimpante aime une
terre profonde et du soleil ; elle convient pour garnir les murs, les tonnelles, etc. Certaines personnes
l'associent au chèvrefeuille, à la clématite, aux belles
de jour et de nuit.

Jonquille. V. — Se multiplie en plantant quelques oignons au mois de novembre dans une bonne terre ; quelques années après, on a une grosse touffe. — F. jaunes d'or fort belles, depuis avril jusqu'à fin mai. — N. G. La jonquille ne demande aucun soin et se multiplie tellement que quelques oignons peuplent rapidement tout un massif. On la cultive en carafe et en pot.

Jujubier. V. — S. en pot, en février. — B. par drageon ; soins du figuier. — R. en avril, dans une encoignure.— N. G. Cet arbre, qui se cultive exactement comme le figuier, devrait être dans le jardin de tous les amateurs. Les fruits frais sont très agréables ; mais on ne les emploie guère que séchés comme les pruneaux ; dans cet état, ils servent en médecine comme pectoraux et adoucissants. Tous les terrains conviennent à cet arbre.

L

Laitue. 1 a. — S. toute l'année, de mars à septembre, en pleine terre, et d'octobre à mars sur couches et sous châssis. — R. dans une terre meuble et bien fumée, quand le plant a 6 ou 8 feuilles. — N. G. Il est nécessaire de les arroser beaucoup ; l'été on arrose deux fois, matin et soir, car l'arrosage du jour fait jaunir les feuilles. Dès que le plant est fort et qu'il semble bon à utiliser, on lie chaque salade pour la faire blanchir. — V. P.: Laitue pommée ;

rouge ; de la passion ; romaine ou chicon ; rouge
d'hiver ; de Versailles.

Laurier commun ou à sauce. V. — S. aussitôt
la récolte, en pot, dans une terre aussi bonne que
possible ; on rentre le laurier dans l'orangerie. —
B. par marcotte en mars. — R. en mars, autant que
possible à l'abri des vents du nord et de l'est. —
T. *Le fait dépérir.* — F. jaunes en mai. — N. G. Joli
arbuste toujours vert, pouvant atteindre quatre ou
cinq mètres ; baies noires ; les feuilles servent à assaisonner les sauces. Vient bien en pleine terre dans
le centre de la France, mais il faut le mettre dans un
endroit abrité. Peu difficile quant à la terre. Dans le
nord de la France, il faut l'abriter et le couvrir l'hiver.

Laurier-cerise. V. — Même culture que le
laurier commun. — F. blanches ou jaunes au printemps. — N. G. Cette plante est vénéneuse, ses
baies sont très dangereuses. Quelques personnes,
pour aromatiser le lait, y mettent une demi-feuille
de ce laurier : elles risquent tout simplement de s'em-
poisonner.

Laurier-rose. — Voir *Nérion*.

Laurier-tin. — V. — Même culture que le laurier commun. On peut le conserver pendant quelques années en pot, comme plante d'appartement.
— F. blanches en bouquets, au mois d'octobre.

Laurier-tulipier. V. — Même culture que le
laurier commun. — F. blanches en forme de tulipes,
de juin à juillet. — N. G. Cet arbre atteint jusqu'à
10 mètres de hauteur et devient rustique en vieillis-
sant. Il ne fleurit pas avant sa 25ᵉ année.

Lavande. V. — S. sur couches tiède en janvier. — B. par marcotte ou bouturage simple au printemps, dans un endroit ombragé, et sous cloche pendant quelques semaines. — R. en avril-mai, en pleine terre, à toute exposition. — F. bleues, en juin. — N. G. Les fleurs sont communément employées pour préserver les fourrures, qu'elles ne mettent pas à l'abri des teignes et des mites. Dans les arts et la médecine on emploie son essence.

Lentille. 1 *a.* — S. en mars dans une terre sableuse, en touffes de 5 ou 6 graines. — F. ressemblant à celle des pois. — N. G. Cultivée pour ses graines qu'on récolte à la maturité, en août-septembre. Dans les terres riches et bien fumées, cette plante produit peu.

Lierre. V. — B. en octobre. — R. au printemps dans toutes terres et à toutes expositions. — F. verdâtres en septembre. — N. G. Sert à garnir les murs, à faire des bordures. Les baies du lierre sont noires. On emploie maintenant une variété ressemblant au lierre terrestre, mais moins vivace et ne dégradant pas les murs comme le lierre ordinaire; cette espèce gèle facilement et n'est pas belle.

Lilas. V. — S. en mars en planches dans une terre bien fumée. — B. par marcotte, ou encore repiquage de rejetons en novembre. — R. en novembre en pépinière, et, en place, 2 ou 3 ans plus tard. — T. Aucune. — F. en avril-mai. — V. P. : Lilas commun; rouge de Marly; blanc.

Lin. 1 *a.* — S. en toutes terres en mars-avril; en pot, comme plante de fenêtre, en avril-mai. —

F. bleues ou rouges, de juin à septembre. — N. G.
Le lin se cultive en grand pour faire de la toile, du
fil, de l'huile; dans les petits jardins, comme plante
d'ornement. — V. P. : Lin à fleur bleue (commun);
à fleur rose; à fleur rouge (vivace).

Lis. V. — Se multiplie par séparation des
caïeux, en octobre. — F. blanches, en juin. —
N. G. Il ne demande aucun soin et pas de fumier.
— V. P. : Lis à fleurs jaunes ou rouges (Pomponne,
des Pyrénées, du Canada); le lis tigré, le doré, celui
de la Caroline.

Liseron. — Voir *Belle-de-jour*.

M

Mâche, Doucette ou **Boursette.** 1 *a.* — S.
toute l'année en terre substantielle qu'on doit arroser fréquemment. — N. G. Très rustique, croît naturellement dans les vignes et jardins; est utilisée
comme salade, surtout quand il n'y en a pas d'autres
(février). — V. P. : Mâche commune; ronde; verte
d'Étampes; dorée; d'Italie.

Marguerite ou **Reine-Marguerite.** V. ou 1 *a.*
— S. en avril, en pleine terre ou en pot, à toutes
expositions. — R. en mai sur massifs. — F. blanches à cœur jaune, tout l'été. — N. G. Cette plante,
à fleurs fort jolies, convient à tous jardins, à cause
de sa facilité de culture; elle résiste à la sécheresse,
aux ardeurs du soleil aussi bien qu'à l'humidité. —

V. P. : 1° *Reine-marguerite (1 a.)* simple; double; naine hâtive; pyramidale. — 2° *Pâquerette (V.)* simple; double; à grande fleur. Les pâquerettes sont utilisées pour faire des bois. — 3° *Marguerite chrysanthème des prés.*

Marjolaine. V. — S. en pot, en avril. — B. par éclats de pieds en août-septembre, toutes terres. — R. en juin; arrosages jusqu'à reprise complète. — N. G. Remplace le thym en tous ses usages culinaires et autres. — V. P. : Marjolaine ordinaire; origan; origan nain.

Mauve. 1 *a.* — S. en avril, en place et dans tous terrains, de préférence dans les endroits ombragés. — F. violacées (mauves), en été. — N. G. Sert, en médecine, comme émolliente (toute la plante) et pectorale (les fleurs). Elle croît spontanément dans les endroits ombreux. — V. P. : Mauve d'Alger; frisée. — Voir *Althéa* ou *Rose trémière.*

Mélisse. V. — S. en avril, en place dans une terre bien ameublie et au soleil. — F. en juillet-septembre. — N. G. Les feuilles ont une odeur agréable qui, à la dessication, est remplacée par celle de punaise. Toute la plante distillée (eau de mélisse ou alcoolat de mélisse) sert d'antispasmodique, de vulnéraire, quelquefois de carminatif.

Melon. 1 *a.* — S. sur couches tièdes dès le mois de janvier. Ces couches sont recouvertes (à moins que la température soit au-dessus de + 13°) d'un châssis, et, s'il fait un froid trop vif, on recouvre encore de paillassons. Si la couche se refroidit, la réchauffer par du fumier neuf dont on l'entoure. Lorsque le plant est fort, un mois après son semis, on repique sur une nouvelle couche recouverte de terre (20 centimètres d'épaisseur). Il est nécessaire de ne le faire que lorsque la couche est moins chaude et qu'elle a déjà fermenté. On taille le melon dès qu'il a cinq feuilles. Au-dessus des deux premières, dès que de nouvelles branches se sont formées, on supprime les plus faibles, n'en laissant que trois au plus. Par des pincements, on n'aura plus qu'à laisser trois des plus beaux fruits et à porter toute la vigueur de la plante sur eux. On n'arrose ces melons qu'au pied et sans pomme à l'arrosoir, pour ne pas mouiller les fruits qui pourriraient. Le semis d'avril peut se repiquer en pleine terre dans un terrain bien fumé. Il faut veiller pour pincer et arroser quand cela est nécessaire; c'est la condition *sine qua non* pour avoir de beaux et bons fruits. — V. P. : Cantaloup noir; melon des Carmes; sucrin de Tours; cantaloup d'Alger; Prescott; Cavaillon; cantaloup de Cavaillon.

Melon d'eau ou **Pastèque.** 1 *a.* — Même culture que le melon ordinaire, mais bien plus d'arrosement. — V. P. : Pastèque Seikon (hâtive); de Russie (pour couches).

Menthe. V. — S. en toutes terres, de préférence à demi-ombre et à l'humidité, en avril. — Marcotte par séparation de racines. — F. violettes en été. — N. G. Elle envahit vite tout le terrain qu'on lui abandonne. Comme il y a de nombreuses variétés, il faut choisir celles qui ont l'odeur la plus forte. Elle aime l'eau. Sert de toutes façons comme vulnéraire, antispasmodique, digestive. — V. P. :

Menthe Poulsot; du Japon; à feuilles rondes; poivrée (se multiplie seulement d'éclats de racines.)

Merisier. V. — S. en octobre ou février-mars dans une terre fumée à bonne exposition. — R. en pépinière, en novembre suivant. — T. pour lui donner sa forme. — F. blanches en corymbes, en avril. — N. G. Les fruits servent à faire le kirschwasser. Les cerisiers se greffent sur cet arbre. — V. P. Une variété à fleurs doubles est cultivée comme plante d'ornement.

Monarde. V. — S. au printemps, en pot. — B. par éclats de racines ou des touffes à toute époque; arrosage jusqu'à reprise complète. — R. en mai-juin, en toutes terres à bonne exposition. — F. rouges tout l'été et tout l'automne. — N. G. La feuille sert à préparer un thé très agréable qui a l'avantage de n'être pas aussi excitant que le thé de Chine.

Moutarde. 1 a. — S. en mars-avril, dans toutes terres. — F. jaunes en été. — N. G. La graine, qui sert à préparer la moutarde, les sinapismes, se récolte en septembre. On l'emploie en médecine comme stimulante, révulsive, antiscorbutique. — V. P.: Moutarde noire; blanche; de Chine.

Muflier ou **Gueule-de-loup** ou **de lion.** V. — S. en mars-avril, en toutes terres, à toutes expositions. — R. en pot ou pleine terre en juin. — F. tout l'été. — N. G. Aime l'eau. — V. P. : Grand (fl. rouges, jaunes, blanches, roses); demi-nain; nain.

Muguet. V. — S. en terre humide et à l'ombre, en place, en avril. — B. des racines de novembre à avril. — F. blanches en clochettes, en avril-juin. — N. G. Sert, en médecine, comme éternutatoire et surtout comme régulateur du cœur (Sée), supérieur à la digitale.

Mûrier. V. — S. en mars, en planches bien fumées. — B. par marcotte en automne. — R. en pépinière à l'automne; et en place, en toutes terres, quand les arbres ont 2 ans. — V. P. : Mûrier blanc (sert comme arbre d'ornement; c'est de ses feuilles que l'on nourrit le ver à soie); mûrier noir ou rouge (vient dans tous terrains, mais de préférence dans ceux abrités contre les vents du nord); mûrier noir (cet arbre demande à être taillé lorsque son sommet se couvre de bois mort; pour cela, on coupe un certain nombre de branches en laissant deux ou trois yeux, lesquels yeux produiront de nouveaux scions).

Myosotis. *(Ne m'oubliez pas ou aimez-moi; ver-giess mein nicht).* V. — S. en mars, en terre plutôt humide et à demi soleil. — B. par éclats des touffes, avant la floraison en mars. — R. en bordure en mai. — F. bleues depuis avril. — N. G. Plante très rustique pouvant venir en pot. — V. P. : Myosotis commun; des Alpes (bleu, blanc, rose); Victoria; nain; des marais (le véritable « ne m'oubliez pas »).

Myrthe ou **Myrte.** V. — B. en pot et sous cloche au printemps. — R. tous les trois ans en mars-avril; augmenter chaque fois le volume du pot. — T. en boule quand la floraison est terminée, ou en rabattant l'extrémité des branches. — F. blanches en mai. — N. G. On achète cet arbuste chez le fleuriste.

Il faut le rentrer, car il gèle aussi facilement que l'oranger. Terre franche et humidité. Feuillage persistant et aromatique.

N

Narcisse. V. — Multiplication par séparation des caïeux à l'automne, en terre non fumée. — F. blanches en avril-mai. — N. G. Ne craint pas la gelée; aime le soleil et une bonne terre bien fumée.—V. P.: Narcisse des poètes (simple et double); en bouquets; des prés; incomparable. La *Jonquille* (voir ce mot) est un narcisse.

Navet. 2 *a*. — S. en juin-juillet. — R. en sillons dès que le plant est fort; arroser jusqu'à reprise complète.—V. P.: Navet blanc de Sablons (terres fortes); jaune (terrains sableux); noir (résiste bien à la gelée); de Freneuse; des vertus; de Milan.

Néflier. V. — S. aussitôt après la maturité : les graines demandent 2 ans pour lever. — T. Aucune. — G. sur épine, cognassier (dans des terres sèches, peu profondes); sur poirier franc (dans des terres profondes et fortes). — F. au mois d'avril. — N. G. Cet arbre, de forme toujours disgracieuse, vient dans toute terre à exposition aérée; plus la terre est excellente et bien fumée, plus beaux sont les fruits. Les fruits du néflier ne sont mangeables que blets; aussi les nèfles cueillies du 15 octobre au 1er novembre sont-elles mises dans le fruitier sur de la paille.

Nérion ou Laurier-rose. V. — S. en février en pot; à l'automne en pleine terre. — B. en mars-avril sous cloches qu'on soulève peu à peu. — R. en caisse, en avril; tenir en serre, dans l'orangerie ou l'appartement. — T. au printemps; se fait de toutes manières, mais de préférence en boule. — F. tout l'été et tout l'automne. — N. G. Se cultive surtout en caisse; exige beaucoup d'eau et craint les froids. — V. P.: Nérion ordinaire; à fleurs pourpres; de l'Inde.

Nigelle de Damas. 1 *a*. — S. en mars en toutes terres à exposition de soleil. — F. bleues très jolies, tout l'été. — N. G. D'une culture facile, cette plante convient pour orner les fenêtres et balcons. Ses graines aromatiques remplacent le poivre.

Noisetier ou Coudrier. V. — S. d'octobre à février en pépinière. — R. en novembre quand le pied a 0ᵐ 30 de hauteur; toute exposition. — T. Inutile et quelquefois nuisible. — N. G. Les fruits mûrissent en août. — V. P.: Avelinier; noisetier à peau blanche; à peau rouge.

Noyer. V. — S. en place ou en pépinière aussitôt la maturité des fruits. — R. en automne 2 ou 3 ans plus tard; avoir soin de ne pas couper le pivot, sans cela l'arbre ne ferait que végéter. — T. seulement quand le sommet « s'éteint » (ou meurt); couper alors les branches à un mètre ou deux du centre. — N. G. Vient en toutes terres. Certaines variétés ne donnent que peu de fruits, mais du très beau bois; d'autres font le contraire. C'est pourquoi il faudra préférer telle ou telle espèce, selon le but qu'on a en les plantant. Nous ne sommes pas partisans de la greffe du noyer qui n'est pas utile, les noyers se reproduisant de semis sans dégénérer. Le noyer s'étendant beaucoup et son ombre nuisant aux autres plantes, on ne doit les placer que dans les endroits où on ne veut pas semer autre chose. Il faut laisser entre chaque pied de noyer une distance de 8 mètres. Le noyer est un arbre dont toutes les parties sont utilisées : feuilles, brou, noix, racines et bois. Pour faire tomber les noix, qu'il est difficile d'atteindre à la main, on se sert d'une gaule, mais il faut avoir soin de ne pas abîmer les bourgeons voisins.

V. P. *Pour les noix:* Noyer mésange; fertile. — *Pour l'huile:* Noyer commun; mésange. — *Pour le bois :* Noyer à bijoux (peu productif). Dans le Nord et au bord de la Seine, préférer pour les fruits et l'huile, le noyer de la Saint-Jean qui ne fleurit qu'à la fin de juin.

O

Œillet ou Œillet mignardise. V. — S. en mars-avril en pot; terre bien fumée. — B. par marcottes à l'automne; ces marcottes se font naturellement, ou encore par séparation de touffes; on fait aussi le bouturage simple en automne ou au printemps quand l'œil dégénère. — R. en pépinière, en pots ou en place quand le jeune plant a près d'une dizaine de feuilles. Espacer chaque pied de 20 cent. — F. de

mai à août. — N. G. Soutenir les tiges des œillets
non nains avec des tuteurs; arrosages fréquents en
été; demi-soleil. Malgré tous les soins, les œillets
dégénèrent facilement, surtout dans les terrains calcaires ou siliceux. — V. P.: Œillet grenadier ou à ratafia (les fleurs, rouges ou violettes, macérées dans
l'alcool fournissent un ratafia); grenadier blanc; des
fleuristes; marguerite (pour pots); flamand; remon-
tant; de Chine; mignardise (presque nain, pour bordures).

Œillet de poëte. 3 *a.* — S. au mois d'avril en
pot. — B. et marcotte au printemps ou à l'automne.
— R. en mai, en toutes terres, à toutes expositions.
— F. en juillet. — V. P.: Œillet ordinaire; géant;
nain; double.

Œillet d'Inde. 1 *a.* — Culture de l'œillet de poëte;
ne se bouture pas. — N. G. Une variété d'œillet
d'Inde vivace (le Tagètes lucida) a des feuilles qui
peuvent remplacer l'estragon. — V. P.: Œillet double
grand; double nain (pour bordures).

Œnothère. — S. en place dans toutes terres, à
toutes les expositions, en avril. — F. jaune tendre
de juin à septembre. — N. G. Les fleurs ont l'odeur
de celles de l'oranger; les racines, à leur deuxième
année, se mangent comme les salsifis. — V. P.: Œnothère blanche (1 *a.*); de Lamarck (3 *a.*); de Drummond (3 *a.*); rose (V.; cultivée pour les fleurs); jaune
(3 *a.*; cultivée pour les racines).

Oignon. — S. vers le milieu du mois de mars,
dans une terre bien fumée et labourée de novembre
à janvier. On répand la graine à la volée, très clair

si l'on veut de gros oignons, plus dru si l'on préfère des petits. Il faut 5o grammes de graines pour 5o mètres carrés. On jette à la volée, par dessus la graine, de la terre, de façon à enterrer celle-là. Il ne reste plus alors qu'à arroser, sarcler et, en août, marcher sur les tiges si elles ne fanent pas. — R. au plantoir en mai; arroser jusqu'à reprise complète.— N. G. Dès que les oignons sont arrachés, les mettre au soleil pendant deux ou trois jours, puis les monter au grenier. — V. P. : Oignon blanc hâtif de Paris; jaune des vertus; rouge de Niort.

Olivier. V. — B. par marcotte à talon, à l'automne. — T. en mars; très faible. — F. en juin. — N. G. Se cultive dans le midi, en pleine terre, pour son fruit (ce dernier paraît en novembre). L'olivier pourrait, dans le nord, servir de plante d'appartement en lui donnant les mêmes soins qu'à l'oranger.—V. P. *Olives à confire* : olive d'Espagne (huile amère); Saurine; royale (huile mauvaise); douce. — *Olives à huile :* olive Sayerne (la meilleure); pointue; moureau; Saurine; amellon.

Oranger. V.—L'oranger est cultivé en pleine terre en Algérie, en Corse et dans le midi de la France. La culture de cet arbre, dans ces pays, étant facile, nous n'en parlerons point. Dans la plus grande partie de la France, on cultive l'oranger comme plante de serre ou d'appartement, et quelquefois aussi le citronnier prend sa place. Voici comment on les élève. En mars, on sème, dans des pots de fleurs remplis de bonne terre bien fumée, douze ou quinze pépins des oranges mangées dans l'hiver; on arrose quand la terre est sèche. Au mois de juin, on repique les plus beaux chacun dans un pot, on les recouvre d'une cloche; au bout de huit jours, la cloche est enlevée, l'oranger est pris. Il n'y a plus qu'à attendre qu'il soit gros, c'est-à-dire qu'il ait un an, pour le greffer soit en fente, soit plutôt en écusson à œil poussant au mois d'août. Dès que l'œil est soudé et s'allonge, on supprime plusieurs branches et, au mois d'octobre, il ne doit plus rester que le bourgeon très long qu'on a greffé. Cet oranger devra être taillé pour avoir une forme convenable, et pincé quand on voudra le voir fleurir. Il est nécessaire de le changer de pot et de le fumer tous les deux ans avec du fumier de cheval. Il est bien entendu que le pot, dans lequel on remet l'oranger, est plus grand que celui dans lequel il était auparavant. Il faut, en outre, le laver toutes les fois qu'il a de la poussière. S'il a du kermès (taches brunes, qui sont de petits insectes), le laver avec des infusions de tabac. Si les *fourmis se mettent* dans sa terre, les chasser en plongeant le pot dans un bassin d'eau pendant une journée; saupoudrer ensuite la terre avec de la naphtaline, les fourmis disparaîtront vite. L'oranger doit être sorti toutes les fois qu'il fait beau et chaud; on doit le rentrer définitivement au 15 octobre. Une température supérieure à o° lui est nécessaire; à 5° au dessous, il gèle.

Orchis. V. — Se multiplie, par séparation des caïeux, en septembre-octobre, dans une terre humide. — F. toute l'année. — N. G. Cette plante se cultive bien, surtout en serre et en appartement, en évitant de la mettre au soleil. — V. P.: Orchis brun (avril); militaire (mai); taché (juin); pyramidal (juillet); de Robert (août); singe (de juillet à septembre).

Oseille. V. — S. en toutes terres, à toutes époques, en bordure ou en planches. — B. par éclats des touffes. — F. en août. — N. G. Les feuilles servent à la cuisine. — V. P.: Oseille large de Belleville; vierge.

P

Palmier. V. — Cette plante s'achète toute venue et en pot chez les fleuristes. Il faut l'arroser quand la terre est sèche, la laver tous les 15 jours, l'exposer à la chaleur. Le palmier gèle à — 5°. On peut l'élever de semis provenant de graines des dattes commerciales plantées en pots, dans une terre très fumée et sous cloche, jusqu'à ce que la plante soit levée. Le palmier sert comme plante d'appartement, à cause de son beau feuillage. — V. P.: Palmier-dattier; à fécule; kentia.

Panais. 2 *a*. — S. de mars à juin, soit à la volée en planches bien ameublies et fumées, soit en sillons, soit même en touffes de 2 ou 3 graines en ne laissant qu'un seul pied. — F. jaunes de juin à août. — N. G. On recueille les racines jusqu'à la floraison. Ne les cueillir que lorsqu'elles sont suffisamment grosses. Les racines (qui ne gèlent pas en terre) servent à faire des plats, comme les carottes. Les

graines peuvent remplacer celles de céleri. — V. P. :
Panais long ; rond hâtif.

Pâquerette. V. — Voir *Marguerite*.

Passiflore. V.—S. au printemps, en pots : une seule
graine dans chacun d'eux. — B. ou marcotte à l'automne. — F. d'août à octobre. — N. G. Sauf deux
espèces (le bleu et celui du Brésil), les passiflores ne
peuvent supporter la culture en pleine terre à cause
des gelées. Ils demandent une fumure abondante,
de l'eau et de la lumière. — V. P. : Passiflore bleu
(Fleurs de la passion) ; du Brésil (couvrir ce passiflore, ainsi que le bleu, lorsqu'on les laisse l'hiver
en pleine terre) ; comestible ; quadrangulaire (les
cultiver en serre chaude).

Pastèque. — Voir *Melon d'eau*.

Pavot. 1 a. — S. en mars, en place, dans une
terre bien cultivée. — F. fort belles en juillet-août. —
N. G. Il est cultivé en grand pour ses graines ; ses
fleurs le font admettre dans les jardins ; ses capsules
(têtes) sont employées en médecine comme calmantes. — V. P. 1° *Pavots cultivés pour les fleurs :*
double ; double nain ; Danebrog ; d'Islande ; tulipe ;
ombré (coquelicot). — 2° *Pavots cultivés pour les
graines :* gris ; noir. — 3° *Pavots cultivés pour les
têtes :* blanc à opium.

Pêcher. V. — S. en octobre, en pépinière, ou en
mars de même, après stratification. — T. Voir au
chapitre IV. — G. de toutes façons sur sauvageon,
sur pruniers (dans les terres profondes), sur amandier
(terres calcaires). — F. en avril. — N. G. Fruits de
juin à octobre. On peut planter en plein vent ou en

espalier (à toute exposition, sauf celle du nord). Peu de soins à donner à cet arbre, sauf la taille qui est importante, le sarclage et quelques arrosements au pied dans les grandes sécheresses. — V. P. *Pêches duveteuses non adhérentes aux noyaux :* Amsden (juin), pêche abricotée (septembre), chevreuse tardive (octobre), grosse mignonne (août), madeleine de Courson (septembre), grosse mignonne hâtive (juillet-août), teton de Vénus (octobre), Vilmorin (juillet). *Adhérentes aux noyaux :* Pavie Alberge (septembre), Brugnon ordinaire (septembre). — Il y a enfin le pêcher à fleurs doubles cultivé pour ses fleurs.

Pélargonium. V. — C'est là le nom véritable des plantes connues sous le nom de géraniums. Cette dernière plante ressemble, d'ailleurs, un peu au pélargonium, mais ses feuilles sont découpées en cinq dents et sont, en général, plus odorantes. Le pélargonium peut se multiplier de graines en avril et en pot; on obtient souvent de belles variétés par cette méthode. On préfère pourtant le bouturer; au mois de mai, ou de juillet à septembre, on coupe les tiges les plus vertes et les plus belles, et on les plante à à l'ombre dans une terre meuble et arrosée. On a une réussite certaine, en pots, lorqu'on prend la précaution de couvrir la bouture avec un verre renversé ou une petite cloche. On refait ce bouturage tous les ans, ce qui permet d'avoir des plantes bien plus belles et presque toujours en fleurs pendant le printemps et l'été. La terre qui convient le mieux au pélargonium est une terre franche bien fumée. On doit rentrer dès les premiers jours du mois d'octobre toutes les plantes qu'on veut conserver. Si la place manque, on peut les mettre à la cave pourvu qu'elle ne soit pas trop humide. Quand le temps est beau et tiède on les met à l'air. Dès le mois d'avril on les sort définitivement, on les débarrasse de toutes leurs feuilles sèches et on les met en terre à l'abri du soleil et des gelées printannières. La mise en terre peut être retardée jusqu'au mois de mai. Au mois d'août on taille les pélargoniums et on leur enlève les branches les plus petites; pendant les temps secs on les arrose tous les jours. — V. P.: Pélargonium à feuilles panachées; à fleurs blanches et pourpres; Kenilworth; Reine d'or; belle blanche; gloire de Paris; Pline; comtesse de Chambord.

Pensée. V. — S. en mars, en pot ou pépinière; terre meuble et bien fumée. — R. en mai à toutes expositions et en toutes terres. — F. de juin à novembre. — V. P.: Pensée à grandes fleurs; parisienne; à grandes taches; jaune pur.

Persil. 2 *a.* — S. en mars-avril, toutes terres, toutes expositions. — N. G. Le sarcler de temps en temps. Le semer en bordure. L'hiver, tout ménage peut avoir sa provision de persil : il suffit d'en semer au mois de septembre dans deux ou trois pots à fleurs. — V. P.: Persil commun; frisé.

Pétunia. V. — S. en avril en pot ou en pépinière; terre bien fumée. — B. au printemps. — R. en mai, soit en pot, soit en pleine terre à bonne exposition. — F. tout l'été et l'automne. — V. P.: Pétunia blanc; violet; hybride; hybride Général Dodds (violet-rouge); hybride double; nain.

Phlox. V. ou 1 *a*. — S. en avril. — B. par sé-
paration de touffes au printemps ou à l'automne. —
R. en juin, à toutes expositions, en bonne terre; ar-
rosage dans les temps secs. — F. en août. — N. G.
Culture en pot pour les variétés annuelles, en pleine
terre pour les variétés vivaces. Ne gèle pas facilement.
— V. P.: Phlox, vivace; Alphonse Karr (V.); Pie IV
(V.); de Drummond (1 *a*.); souvenir de Rouen (V.).

Pied-d'alouette. V. ou 1 *a*. — S. en place, pot
ou pleine terre, en mars, à bonne exposition. — B.
des variétés vivaces par éclats de pied, en avril. —
F. tout l'été. — N. G. La graine pilée est un insecticide. — V. P.: Pied-d'alouette des blés ou commun
(blanc, rose, violet, lilas, gris; 1 *a*); le même double
(1 *a*.); nain (1 *a*.); Cardinal (V.); de la Chine (V.);
magnifique (V.).

Piment. 1 *a*.—S. sur couche en février, ou en pleine
terre, dans du fumier, en avril. — R. en avril à exposition chaude. — N. G. Le fruit est employé dans
la cuisine comme épice. — V. P.: Piment rouge ordinaire; noir long; gros carré doux; jaune hâtif.

Pissenlit. V. — S. dans une terre bien fumée, à
toute époque de mars à octobre. Il suffit d'arroser
et de sarcler. — F. jaune de mars à septembre. —
N. G. Salade assez appréciée, très-rustique. — V. P.:
Pissenlit ordinaire; à cœur plein.

Pivoine. V. — S. en pépinière, en mars; arrosage jusqu'à ce que le plant soit fort.— B. par éclats
de racine à l'automne, préférable au semis. — G.
des variétés en arbres sur tubercules des variétés
communes, en mars. — T. des tiges quand elles

sont fanées. — F. de mai à juillet. — N. G. Terres profondes et substantielles, toutes expositions. Orne bien les massifs et plates-bandes. — V. P. : Pivoines à tiges ligneuses (les plus recherchées); à tiges herbacées.

Poireau. 1 a. — S. en mars, dans une terre préparée comme nous l'avons dit pour l'oignon. — R. Lorsqu'il a trois mois dans une terre bien meuble. On a soin de faire ce travail par un temps couvert et pluvieux, ou tout au moins un peu avant la nuit, et on arrose jusqu'à reprise complète. En continuant à arroser, quand le temps est sec, on a des poireaux plus gros et plus tendres. — N. G. On le sème quelquefois en juillet pour en avoir de mai à juillet l'année suivante; mais alors, il est sujet à monter à graines. — V. P. : Gros court; long d'hiver; gros de Rouen; monstrueux de Carentan.

Poirier. V. — S. en octobre. — R. en octobre suivant. — G. sur poirier franc, mais plus souvent sur cognassier en écusson, en août. Les autres genres de greffages sont aussi très employés. — T. en février, mais les variétés de plein vent n'ont que très peu besoin de taille, tandis que les poiriers en espalier doivent être taillés tous les 3 ans. — N. G. Les poiriers aiment les terres profondes et substantielles. On doit les fumer tous les 2 ou 3 ans. Le poirier greffé sur cognassier dure moins que les autres. — V. P. Elles sont innombrables; on peut manger ce fruit d'un bout à l'autre de l'année, soit au moment de sa maturité, soit conservé au fruitier. Nous indiquons les espèces les plus connues : Belle

Angevine; bergamote; beurré d'Amanlis, d'Angleterre, d'Arenberg, Diel, Giffard, grise, Hardy; bon
chrétien; cuisse Madame; Madeleine; Marie-Louise;
passe-Colmar; rousselet de Reims; Saint-Germain
d'hiver; Saint-Michel; triomphe de Judoigne; Wil-
liam; etc.

Pois. 1 *a*. — S. de février à juillet en pleine terre
et sous châssis toute l'année. — N. G. On sème
dans une terre légère de préférence, à 20 centimètres
l'un de l'autre, quatre ou cinq grains dans chaque
trou, soit en planches, soit en sillons. — V. P. :
Pois express; prince Albert; nain Breton; nain vert
de Prusse; de Clamart (le plus productif et le plus
doux de tous); de Knight (très doux); ces deux derniers, ainsi que le prince Albert, doivent être ramés;
Michaux; nain ridé.

Pois de senteur. 1 *a*. — S. en place, en pot ou
pleine terre, en avril. — F. odorantes depuis juin
jusqu'aux gelées. — N. G. Toutes terres, toutes
expositions, un peu de soleil et d'eau; plante de
balcon. — V. P. : Ordinaire (rose blanc, violet, bleu,
jaune, rouge et panaché); nain Cupidon; pois vivace.

Pomme de terre. V. — Plantation des tubercules
(un dans chaque trou; ceux-ci étant espacés de 30
centimètres au moins), en mars-avril. — F. violettes
à cœur jaune en juillet. — N. G. Plante de grande
culture; aime les terres sableuses, l'air et la lumière.
Pousses, tiges, feuilles et fleurs vénéneuses. Sarclage
deux fois, en mai et juillet; arrachage, suivant
l'espèce, de juillet à octobre. — V. P. : Belle de

Fontenay; Early rose; Hollande; Impérator; Marjolaine; Saint-Jean; Royale.

Pommier. V. — S. en octobre, en pépinière. — R. en novembre suivant dans le cas de semis ; s'il s'agit de greffage, deux ans après. — G. en écusson, en août suivant le semis. — T. en février, mais très légère. — F. roses en mai. — N. G. Vient partout à belle exposition. Craint les pucerons, fourmis, chenilles, turcs ou vers blancs, courtillières, le gui ; le débarrasser de tous ces ennemis pour qu'il produise bien. Fumure tous les 3 ans. — V. P. De même que pour les poiriers, elles sont nombreuses et permettent de manger du fruit à toute époque de l'année. Voici les principales : Api ; Calville blanc, rouge ; Rambour d'été, d'hiver ; reinette d'Angleterre, blanche, du Canada, grise, verte ; etc.

Pommier du Japon. V. — B. par marcotte qu'on couche en terre en avril. — R. en novembre. — T. en octobre, pour lui donner une forme buissonnante et supprimer les branches qui s'étendent un peu trop hors du centre. — F. écarlates superbes, en mai. — N. G. Ses fruits vénéneux servent à conserver les fourrures. Toutes bonnes terres et un peu d'ombrage lui conviennent.

Potiron. 1 a. — Voir *Courge.*

Pourpier. 1 a. — Culture de la *Mâche* (voir ce mot). La plante toute entière est utilisée comme salade. — V. P. : Pourpier vert ; doré.

Primevère. V. — S. en mars. — B. par séparation des touffes en mars. — R. des plants de semis en mai. — F. de diverses couleurs fort jolies, au printemps. — N. G. Tous terrains, plutôt humides et à demi soleil. — V. P. : 1° *Primevères propres* : du Japon; Acaule; de Chine ou à franges (teintes blanches, roses, rouges, violettes, cuivrées). — 2° *Coucous des prés.* — 3° *Auricules* ou *Oreilles d'ours* : ordinaires; liégeoises.

Prunellier. V. — Cet arbuste, qui vient dans tous les terrains, sert à faire des haies très solides; ses fruits peuvent être confits ou servir à faire un vin ou une liqueur très forte.

Prunier. V. — S. en novembre en planches bien fumées. — R. en novembre suivant en pépinière. — G. en écusson en août suivant. — N. G. Le prunier vient dans toutes les terres ni trop humides ni trop sèches. Un peu de fumier de temps en temps, pas de taille, c'est tout ce qu'il faut à cet excellent arbre. On le multiplie de greffe sur Saint-Julien et Damas; mais on peut obtenir par semis les variétés suivantes : Prune d'Agen ou robe de sergent, cerisette, Damas. — V. P. : Abricoté; cerisette; Damas blanc, gris, rouge, violet; mirabelle, petite et grosse; Monsieur hâtif; prune-pêche; quetsch; Reine-Claude, tardive, violette; robe de sergent; royale de Tours; Saint-Julien.

Pyrèthre. V. — S. en avril-mai en pot, terre franche. — B. par éclat de touffe à l'automne. — R. en juin ou à l'automne suivant. — F. imitant les chrysanthèmes, depuis mai jusqu'à l'automne. — N. G. La poudre des fleurs est insecticide. — V. P.: Pyrèthre rose; gazonnant; à feuilles dorées; normand.

R

Radis. 1 *a.* — S. toute l'année, en planches de terre bien fumée; en été, à l'ombre. — N. G. Arrosage deux fois par jour. Plus ils poussent vite, meilleurs ils sont. — V. P. : Radis rond rose; rond blanc; rond violet; demi-long hâtif; géant de Stuttgart; noir d'été et d'hiver; de Chine; jaune (rare).

Raifort. V. — B. de tronçons de racines munis d'un œil ou bourgeon, dans une terre quelconque humide et non au soleil. — N. G. Remplace la moutarde. C'est un antiscorbutique.

Raiponce. 1 *a.* — S. en juillet, en planches de terre bien fumée et labourée. — N. G. Arroser comme toutes les salades. Toute la plante est comestible; se cueille depuis janvier.

Rave. 2 *a.* — Culture du *Radis* (voir ce mot), mais arrosages moindres. — N. G. Sous le nom de rave, on entend aussi le navet-rave, qui se cultive comme le *Navet* (voir ce mot). — V. P. : Rave rose; violette; blanche; d'Amiens.

Réglisse. V. — Se multiplie de drageons en avril. — F. violettes. — N. G. Toutes terres, plutôt siliceuses et profondes. Les racines (réglisse en bois-doux) s'arrachent tous les 3 ans et on en replante quelques morceaux qui reproduisent.

Reine-Marguerite. — Voir *Marguerite*.

Renoncule. V. — S. en pots ou planches bien fumées et bien exposées, en mars-avril. — R. en mai-juin ; arrosage jusqu'à reprise complète. — F. de mai à juillet. — N. G. Se cultive bien en pot, en pleine terre sur massifs et plates-bandes. Cette plante est très vénéneuse. — V. P. : Renoncule commune (bouton d'or) ; à feuilles d'aconit (bouton d'argent) ; à feuilles de platane ; des jardins ; d'Afrique ; des glaciers.

Réséda. V. ou 1 a. — S. en mars-avril, en pot ou pleine terre ; arrosage jusqu'à reprise. — F. jaunes odorantes, depuis juin. — N. G. Toutes terres, bonne exposition ; le débarrasser des pucerons et chenilles. — V. P. : Réséda odorant ; pyramidal ; rouge ; nain.

Rhododendron. V. — S. en pots, en mars-avril. — R. en caisse ou en pleine terre de serre tempérée, en juin. — F. rouges, bleues ou blanches, d'avril à juin. — N. G. Peu rustique ; aime l'eau, une bonne terre ; craint les vers blancs et les moindres froids. Les quatre premières variétés ci-après peuvent rester en pleine terre avec couverture l'hiver, ou dans les appartements. — V. P. : Rhododendron Thompson ; ferrugineux ; vergé ; colié ; de l'Himalaya ; glauque.

Rhubarbe. V. — S. en mars. — R. en juin. — N. G. On laisse la plante pendant quatre ou cinq ans en terre, en ayant soin de la couvrir avant l'hiver. Cette plante n'aime que les terrains légers, secs et profonds. Les racines sont employées en médecine comme purgatives et anticholériques. Celle de France est bien plus active que celle de Chine. On la recueille en octobre et on la lave, puis on la met sécher. Les côtes se confisent comme l'angélique.

— V. P.: Rhubarbe groseille; Victoria; ondulée; officinale.

Romarin. V. — S. en pot dans une bonne terre, en mars. — B. en avril. — R. en pépinière en mai ou en place en novembre. — T. Aucune; elle le fait périr. — F. violettes en juillet. — N. G. Culture en toutes terres; craint les gelées et surtout les faux dégels. Les tiges et sommités fleuries servent en parfumerie (eau de la reine de Hongrie). En médecine, cette plante sert comme stimulant, stomachique et vulnéraire.

Rosier. V. — S. en janvier, sur couches; en mars, en pot. — B. en octobre ou mars sous cloche. — R. deux mois après le semis (s'applique seulement aux rosiers nains remontants). Le repiquage se fait à l'automne suivant, lorsqu'il s'agit d'un bouturage. — T. au commencement de mars ou en octobre; enlevez tout le bois mort, rabattez les tiges à 20 centimètres de leur naissance. — G. en écusson, à œil dormant en août; à œil poussant en mars-avril, sur variété commune et églantier. — N. G. Très peu de variétés se reproduisent de semis; un grand nombre peuvent se bouturer (variétés à bois tendre); d'autres ne viennent bien que greffées (variétés à bois dur). Le greffage des rosiers non à tige se fait sur table et on plante le bois sous cloche. On enlève la cloche dès que les bourgeons du greffon s'allongent. — V. P.: Empereur Napoléon (rouge foncé); géant des batailles (rouge vif); Marie-Henriette (rouge vif); Maréchal Niel (jaune orange; se multiplie toujours par greffe); pompon (rose clair; pour mettre

en pot); Général Drouot (rouge vif); gloire de Dijon
(jaune saumonée; très odorante); nain Paxton (rose
vif); Souvenir de la Malmaison (blanche); rosier à
fleurs doubles (rose); œillet parfait (rose et blanche).

Peuvent se cultiver en pot sur fenêtre : nain re-
montant multiflore (toutes couleurs); Gloire de
Laurenceana (rouge); triomphe de Rennes (jaune);
Jules Deschiens (blanche); les roses mousseuses.

Rose trémière. — Voir *Althéa*.

S

Salades. — Voir *Chicorée, Laitue, Romaine, Pissenlit, Raiponce,* etc.; et voir aussi les divers assai-
sonnements : *Ail, Ciboule, Cerfeuil, Estragon,* etc.

Salsifis et **Scorsonère.** 2 *a.* — S. en sillons, de février à avril, dans une terre profonde et bien fumée.
On arrose tant qu'il fait sec jusqu'à ce que le plant
soit assez fort; il n'y a plus qu'à éclaircir de temps
en temps. — N. G. On récolte d'octobre à mars.

Santoline. V. — B. ou éclats de pied en mars-
avril; arrosage jusqu'à reprise. — F. en août. — N.
G. Vient en toute terre, à exposition chaude. La santoline est cultivée pour son feuillage aromatique.

Sarriette. 1 *a.* ou V. — S. en février, en terre
meuble où elle se multiplie sans peine. — F. en mai-
juin. — N. G. Sert d'aromate. — V. P. : Sarriette commune; vivace.

Sauge. V. — S. en mars, en pot. — B. en mars ou
novembre. — R. en mai-juin; toutes terres; arrosage

jusqu'à reprise. — T. Aucune. — F. en mai-juin. —
N. G. Très aromatique; les sommités servent en
médecine, dans la fabrication de certaines liqueurs,
en cuisine comme aromate, dans la parfumerie. —
V. P. : Sauge officinale; des prés; sclarée.

Saxifrage. V. — S. en mars, en pot. — B. par
éclats de touffes, au printemps. — R. en mai, dans
toutes terres, à toutes expositions. — F. de mai à
juillet.— V. P.: Saxifrage mousseuse; ombreuse; pyramidale; sarmenteuse.

Scabieuse. 1 *a* ou V. — S. en pot ou pépinière,
en terre riche et meuble, en mars-avril. — R. en
mai. — F. en été. — N. G. Vient bien en pot et sur
les massifs. — V. P.: Scabieuse grande (1 *a.*); naine
de Metaxa (1 *a.*); des Alpes (V.); du Caucase (V.).

Scarole. 1 *a.* — Voir *Chicorée.*

Scorsonère. — Voir *Salsifis.*

Sedum. V. — B. par séparation des touffes au
printemps.— F. rouges en août. — N. G. Sert à garnir les endroits pierreux, les rocailles. — V. P. : Sedum ordinaire; bleu (1 *a.*); du Kamtchatka; très
grand.

Seringa. — Voir *Syringa.*

Silène. 1 *a.* — S. en pot, ou pleine terre en place,
en mars. — F. en juin-juillet. — N. G. Demande du
soleil, une bonne terre, de l'eau pendant les sécheresses. Vient bien en pot. Peut former des corbeilles,
des bordures. — V. P. : Silène blanc; rouge; rose;
nain; Schafta (V.).

Souci double. 1 *a.* — S. en pot ou pépinière
dans une bonne terre, en mars-avril — R. en mai-

juin. — F. jaune d'or en août-septembre. — N. G. Convient pour pots, plates-bandes, bordures. Aime le soleil et l'eau, quoiqu'il vienne partout sans peine. — V. P. : Souci double ordinaire (jaune, blanc, panaché de noir) ; Le Proust ; pluvial ; Météor.

Spirée. V. — S. en mars, en pépinière. — B. par séparation des touffes, soit au printemps, soit à l'automne. — R. en mai-juin, dans une bonne terre à mi-ombre, et humidité. — F. blanches en juin-juillet. — N. G. Plante demi-aquatique aimant l'eau et l'ombre. — V. P. : Spirée ulmaire ou reine des prés (employée en tisane comme sudorifique) ; filipendule (ne se multiplie que de séparations de touffes ; variété la plus répandue) ; barbe de bouc ; tombante ; à feuille de millepertuis (se taille comme on veut).

Sureau. V. — S. en mars-avril, en pépinière ; terre légère et fraîche. — B. au printemps et en place. — R. en novembre 2 ans après ; toutes terres. — T. en avril, aussi légère que possible. — F. en mai-juin. — N. G. Les fleurs sont utilisées comme sudorifiques.

Syringa ou **Seringa.** V. — B. au printemps ou éclats de pied à même époque ; mi-ombre, bonne terre. — T. en août, comme on veut. — F. blanches odorantes en mai-juin.

T

Tabac. 1 *a.* — S. en mars, en pépinière ; bonne terre. — R. en place en pleine terre de 1" qualité. — F. en août-septembre. — N. G. Epuise vite les terres. L'Etat se réserve la culture de cette plante, et ce n'est que par une tolérance (qu'aucune loi ne peut faire exiger) que la régie en laisse cultiver un ou deux pieds par ci par là. Plante vénéneuse dont l'emploi excessif peut causer la mort (Gmélin) ; à doses faibles est excitant et altérant. — V. P. : Tabac géant à fleurs pourpres ; blanc odorant ; colonial (V.).

Thlaspi. 1 *a.* ou V. — S. en mars-avril, en pot, dans une bonne terre. — R. en mai ; arrosage jusqu'à reprise complète. — F. blanches, roses ou violettes en été. — N. G. Toutes terres, toutes expositions. Se met en massifs, plates-bandes, pots et bordures. — V. P. : Thlaspi blanc ; lilas ; violet ; rose ; nain ; hybride nain ; de Gibraltar (V.) ; odorant ; toujours vert (V.) ; toujours fleuri (V.).

Thym. V. — S. en pot, en mars. — B. par séparation des touffes tous les 3 ans, en septembre. — R. en septembre ; arrosage jusqu'à reprise complète. — T. Elle le fait mourir. — F. en mai-juin. — N. G. Vient partout ; sert à faire des bordures. Pour le cueillir, le casser avec la main, le contact du fer le faisant périr. Sert comme condiment et dans les industries des odeurs et liqueurs.

Tomate. 1 *a.* — S. sur un tas de fumier et sous cloche, en février. — R. en mai. — T. quand les tomates ont atteint 75 centimètres de haut. — N. G. On pince les tomates à l'époque où l'on fait la taille. On attache les tomates à des échalas. On dit que quelques pieds plantés le long des murs, près des treilles, en éloignent les guêpes (je l'ai essayé avec succès). — V. P. : tomate rouge grosse ; reine des hâtives ; rouge à tige raide ; perfection ; champion.

Topinambour. V. — Culture des pommes de terre. — N. G. Vient partout, même dans les plus mauvais terrains. On arrache, au fur et à mesure des besoins, le tubercule ne gelant pas.

Tubéreuse. V. — Multiplication par les caïeux plantés au printemps en pots de terre franche et sous cloche, ou sur couches. — F. en juin-juillet. — N. G. Craint le froid et la sécheresse : maintenir toujours à plus de 10° C.

Tulipe. V. — S. en mars, en pot, dans une terre légère ; la graine lève l'année suivante et l'oignon ne fleurit que 4 ou 5 ans après. Se multiplie aussi, et même de préférence, par séparation des caïeux. — F. en avril-mai. — N. G. Toutes terres, toutes expositions et, de préférence, mi-ombre. — V. P. : Tulipe dragonne ; de Geisner ; Gallique ; Œil de soleil ; flamboyante.

V, W, Z

Valériane. V. — S. en pot ou en pépinière, en avril. — B. par séparation de touffe au printemps ou en octobre. — R. en juin, à toutes expositions, de préférence mi-soleil et terre humide. — F. en juin.

— V. P. : Valériane des jardins ; des Pyrénées ; d'Espagne ; d'Alger (1 *a.*) ; double (1 *a.*).

Véronique. V. — S. en tous terrains, de mars à mai. — R. en juin-juillet ; tous terrains, toutes expositions. — F. en été. — V. P. : Véronique très belle ; de Virginie ; à épi bleu.

Verveine. V. — S. en pot en avril-mai ; bonne terre et bonne exposition. — R. en juin. — F. en juillet de l'année suivante. — N. G. Aime une bonne terre et des arrosages pendant les sécheresses. — V. P. : Verveine hybride (blanche, bleue, rouge, violette, aurore) ; hybride italienne ; de Drummond (1 *a.*) ; Tencrioïde.

Vigne. V. — La vigne peut être cultivée dans les plus petits jardins, en treilles ou en espaliers ; c'est ce qui nous invite à parler de cette plante, dont tout le monde connaît les produits directs ou indirects : raisin, vin, vinaigre, cognac, etc.

La vigne — de France, j'entends, et telle qu'elle était uniquement cultivée avant le phylloxera — croît et produit dans toutes les terres. Ce qui lui est le plus nécessaire, c'est le soleil et un peu d'eau. Les terres ferrugineuses et calcaires sont celles où ses produits sont les plus estimés.

La vigne, telle qu'on la cultive maintenant pour ne rien craindre du phylloxera, la vigne française greffée préfère les terres sablonneuses. Les terres calcaires sont mortelles pour ces plantes.

Culture en treille ou en champ sur fil de fer (méthode actuelle). — On plante les vignes à 80 cent. ou 1 m. l'une de l'autre et, dès qu'elles ont deux ans, on fait son treillage, composé de deux montants terminaux et d'une barre placée tous les cinq ou six mètres. Les barres ont 1 m. 50 de hauteur hors du sol et supportent les fils de fer. La terre ne doit pas être bêchée, mais seulement binée à la mare. Cinq façons par an lui sont nécessaires ; en février, avril, juin, août et fin octobre. On fume tous les deux ou trois ans légèrement, avec du fumier d'écurie. Il est bon aussi de se servir d'engrais chimiques tous les deux ans.

On enterre l'engrais suivant en mars-avril à peu de distance du pied, 35 à 50 gr. par cep :

Azote (azotate d'ammoniaque) .... 5 o/o
Potasse (à l'état de chlorure) .... 17 o/o
Acide phosphorique (à l'état de super-
    phosphate) .... 18 o/o
Sulfate de fer .... 8 à 10 o/o
Substance inerte .... le surplus.

Cet engrais convient aux arbustes, vignes, rosiers, arbres fruitiers, etc. Il guérit la chlorose et la langueur des plantes ; son prix est environ de 15 francs les 100 kilogs.

Culture en espalier. — On plante les vignes à la même distance que pour les treilles, mais ici on peut les bêcher et non pas seulement les biner.

Multiplication de la vigne. — La vigne se multipliait jadis uniquement de boutures et de couchis (marcottes). Mais, depuis le phylloxera, on a été obligé de ne plus employer le bouturage que pour les espèces point ou peu attaquées. Pour les autres, nos meilleures, hélas! il a fallu revenir à la greffe coûteuse et longue. Pour cela, on emploie un rameau de riparia, par exemple, de la taille du chasselas qu'on veut greffer dessus. On fend le riparia suivant le centre médullaire et on taille le chasselas en coin, en laissant l'écorce des deux côtés du chasselas. On ajuste ce coin dans la fourche du riparia, on serre avec du coton très dur ou avec un bouchon percé et du fil de fer. Cette greffe se fait en mars; il faut placer les plants greffés (riparia en terre et chasselas hors terre) dans un lieu peu soumis aux variations de la température. Il faut aussi employer de la terre franche mêlée à un tiers de sable de falaise. Mais, malgré tous les soins, on peut perdre jusqu'à 90 o/o des greffés dans les mauvaises années. On n'est sûr de la réussite que lorsque la plante a trois ans et, quelquefois encore, on peut, cette année-là, perdre 1 o/o du restant. La greffe produit dès la troisième année.

V. P. *Raisins de table* : Chasselas jaune-doré, Corinthe blanc; gris meunier; Madeleine hâtive blanche, noire; Meslier jaune; muscat blanc, rouge.

Variétés pour vins blancs : Meslier jaune, vert; folle blanche; pineau blanc; — *pour vins rouges* : pineau noir (terres calcaires); gris meunier.

Vignes américaines. — Les meilleures sont les Canada, mais elles sont peu résistantes et gélives; c'est pourquoi on préfère d'autres variétés. Le Noah blanc (peu productif) et l'Othello rouge (très fertile) sont les meilleures espèces; mais il est préférable de greffer. Les meilleurs porte-greffes sont : Riparia,

Vialla Teylor (bonnes terres) ; hybride Couderc ; Berlandièri (sols calcaires).

Violette. V. — R. en avril. — B. par séparation de touffes. — R. en octobre suivant. — F. en mars-avril. — N. G. Vient en toutes terres ; mi-ombre, pas trop de sécheresse. V. P. : Violette ordinaire ; blanche ; le Czar ; des quatre saisons (ces deux dernières fleurissent toute l'année) ; de Parme.

Weigelia. V. — B. en bonne terre et sous cloche en mars. — T. au printemps, pour lui donner sa forme ; trop de taille l'empêche de fleurir. — F. roses fort belles en mai. — N. G. Se cultive bien en pot, en massif ; arbuste atteignant 2 mètres de haut. V. P. : Weigelia à fleurs roses ; du Japon (fleurs blanches) ; aimable.

Zinnia. 1 a. — S. de mars à mai, en pot ou pépinière ; bonne terre, bonne exposition. — R. de mai à juillet. — F. superbes de juillet aux gelées. — N. G. Orne bien les massifs, plate-bandes, fenêtres. Culture aisée, arrosages fréquents. V. P. : Zinnia élégant double (bleu, jaune, rouge, violet, jaune, rouge-noir) ; élégant double pompon ; Lilliput ; double nain ; double du Mexique.

TABLE DES MATIÈRES

Imprimerie du « Petit Troyen » G. ARBOUIN, 126, rue Thiers, Troyes.

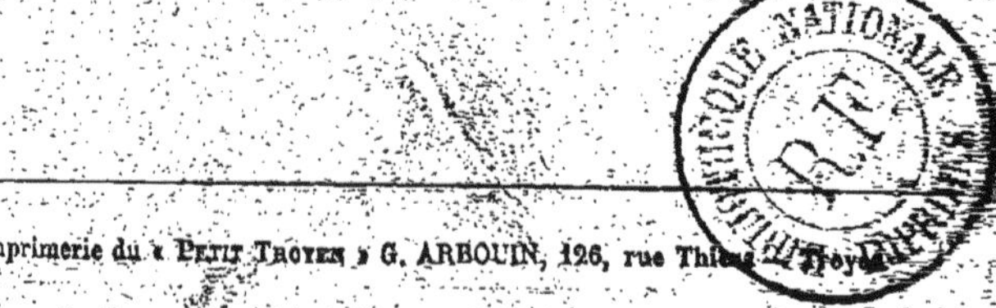

AUX FAMILLES

« ON NE FAIT RIEN POUR LES JEUNES »,
entend-on dire fréquemment; ou, si l'on cherche
pour la jeunesse des œuvres intéressantes et bien
éditées, il sera nécessaire de s'imposer une forte
dépense.

La maison d'édition **A.-L. GUYOT**, stimulée
par la faveur considérable et croissante qui ac-
cueille, dans tous les publics, sa **Collection
d'ouvrages populaires à 20 centimes**,
entre aujourd'hui dans une voie nouvelle.

Elle publie, à un prix sans exemple de bon
marché, sous une forme luxueuse, avec de nombreuses gravures en couleur et en noir du plus
grand effet artistique, les :

ŒUVRES ILLUSTRÉES
DU
CAPITAINE MAYNE-REID

**Insister sur le prestige de ce nom serait
inutile !**

Qui ne se souvient d'avoir passé de longues et
charmantes heures à parcourir les pages sorties
de la plume alerte du célèbre auteur, dont chaque
volume, sous des formes diverses, a déjà réuni
plus de 300,000 lecteurs ? Quel est celui dont le
cœur n'a pas battu à ces récits merveilleux au-

tant qu'instructifs, dont le titre seul est une promesse : *Les Chasseurs de plantes, les Grimpeurs de rochers, les Robinsons de la prairie, A fond de cale, le Chasseur de chevelures, etc.*

Pères de famille ! offrez à vos enfants — jeunes garçons ou jeunes filles, car de pareils livres ne sont déplacés dans aucune main — offrez-leur des œuvres auxquelles votre jeunesse a dû tant d'agréables émotions. Pour un prix modique, vous donnerez à leur naissante imagination une alimentation saine et profitable.

———

5 Centimes la Livraison

En vente dans toutes les Librairies, Kiosques, Gares, etc.

Il paraît 2 Livraisons par semaine

———

Chacune des œuvres du

CAPITAINE MAYNE-REID

fera un tout complet en 20 Livraisons

———

On peut recevoir directement de la maison A.-L. GUYOT, franco par la poste, une série de 10 livraisons en ajoutant le port (soit 20 centimes) au prix de ces 10 livraisons (au total 70 centimes en timbres). — Pour un ouvrage complet de 20 livraisons, broché, envoyer un mandat poste de 1 fr. 40. — Abonnement pour un an (100 livraisons), 7 fr.; six mois, 3 fr. 50.

MANUELS UTILES ET AMUSANTS

OUVRAGES DE

Henry de GRAFFIGNY

100 Expériences Electriques.

100 Expériences Physiques.

100 Expériences Chimiques.

Manuel du Cycliste.

Formant chacun un volume de la Collection A.-L. GUYOT

20 centimes

En vente chez tous les Libraires et Marchands de Journaux, dans les Kiosques, Gares, etc.

Envoi franco par la poste, contre 30 centimes adressés à M. A.-L. Guyot, 12, rue Paul-Lelong, Paris.

18   18

OCCIDINE
Pasteurisation du Sol
PLUS DE
VERS BLANCS, COURTILLIÈRE
PLUS DE PARASITES
LE SAC DE 50 Kᵒˢ 11 Fr
CONDITIONS SPÉCIALES PAR QUANTITÉ
Dépôt de l'OCCIDINE:
36, Rue de TRÉVISE,
PARIS